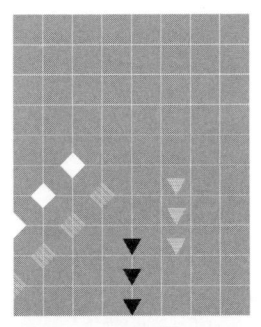

戦略的
意思決定法

木下　栄蔵 [編著]
大屋　隆生・杉浦　伸・水野　隆文 [著]

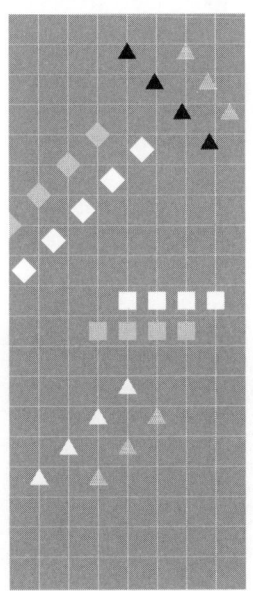

日科技連

はじめに

　21世紀に入り，ますます混迷を深める現代社会において，「意思決定」というキーワードは非常に重要です．近未来の政治，経済，経営の問題，あるいは個々人の進路選択などの問題に対して，さまざまな条件が錯綜する中から，最も重要な戦略的目標を達成するために最適な選択を効率よく行う必要が高まっているからです．

　このような意思決定を行うとき，我々は多くの代替案の中から，いくつかの評価基準に基づいて，1つあるいは複数の代替案を選ぶという場合が多いのです．このように考えると，人間が生きるということは，選択行動の積み重ねであり，一種の意思決定の集合であるということができます．

　一方，混迷を深める現代社会においては，「情報公開」，「IT革命」と，インターネットの進歩により，ビジネスの世界だけでなく，身の回りの生活まで，情報化の時代へ突き進もうとしています．そのため，従来の考え方では時々刻々と変わりゆく時代の流れ（例えばドッグイヤー）についていけず，国際化の波に乗り遅れることは必至であり，今まさにパラダイムシフトが必要になっているのです．それは1990年からの失われた20年を総括し，それ以前のパラダイムから新しいパラダイムの創造を意味します．すなわち，一言でいえば，オペレーションマネジメント（選択された道を上手に走る戦術論）からストラテジックマネジメント（多くの代替案から一つを選択する戦略論）への変更を意味します．1990年以前の日本は「あれもこれもの時代」でしたが，これからの時代（2010年以降）は「これだけはの時代」になるからです．

　さて，21世紀は，このような意思決定論が重要な課題を解くキーワードとなるでしょう．このようなとき，新しい意思決定論として登場してきたのが支配型AHP（Dominant AHP）です．支配型AHPの新しさは，人間なら誰もが持っている経験と勘という感性情報を，意思決定プロセスにおける重要な要素にしているところにあります．これによって，従来の意思決定手法ではモデル化できなかったり，数量化することが難しかったりしたテーマも，支配型

はじめに

AHP を使えば扱えるようになりました．

　一般に，経験や勘といったものは客観的に測定できない不確かなものと思われていましたが，支配型 AHP では，まず戦略的な目標にいたるプロセスを階層構造に分け，次にこの階層のそれぞれにおいて経験や勘による評価を行い，それを数学的に処理することによって，偏った主観に陥ることのない総合判断にまとめ上げるのです．すでに日本では，感性工学や経営の分野で，戦略目的を決定する手法として支配型 AHP が使われ，その有効性が立証されています．この支配型 AHP は，Kinoshita/Nakanishi(1997 年)により提案され，その発展モデルである多重支配代替案法，すなわち，一斉法も Kinoshita/Nakanish (1999 年)により提案されています．そして，それらのパラダイムを総括した超一対比較行列が，Ohya/Kinoshita(2011 年)により提案されています．本書では，これらの発展モデルもわかりやすく説明しています．

　ところで，このように重要な意思決定に関して，筆者は図のような意思決定空間を考えています．この図は，意思決定空間を意思決定の規模と課題の重要性の視点から考えています．また，この結果，意思決定の重要度は，図の矢印の方向に向かって高まることを意味しています．

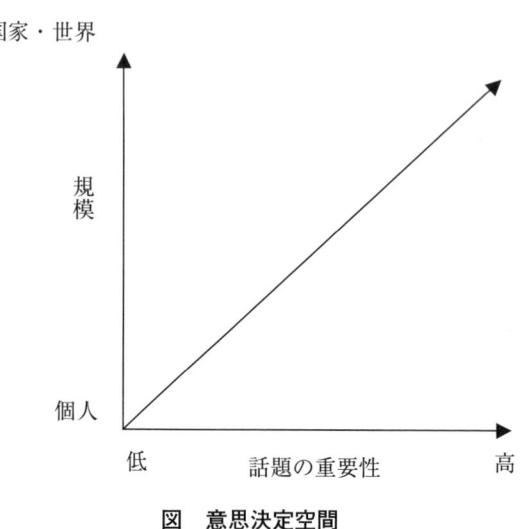

図　意思決定空間

iv

はじめに

　本書は，支配型 AHP などを勉強したい学生さんや，実際の業務で支配型 AHP を使いたい実務者の方々，さらに直接仕事に関係なくても教養として支配型 AHP を勉強したいビジネスマンの方々にとって，実用的で理解しやすい本になったものと信じています．

　また本書の付録として，支配型 AHP の総合評価値を計算するアプリケーションを，CD-ROM でお付けいたしました．本書の付録に記載しましたマニュアルをご一読願えれば，支配型 AHP，多重支配代替案法（一斉法），超一対比較行列（SPCM）などの計算が簡単にできますので，お使いください．

　最後に，本書の企画から出版に関わる実務にいたるまでお世話になった，日科技連出版社の戸羽節文様と石田新様に厚く感謝いたします．

2013 年 7 月

　　　　　　　　　　　　　　　　　　　　　　　　　著者を代表して
　　　　　　　　　　　　　　　　　　　　名城大学都市情報学部　教授　木下　栄蔵

目　　次

はじめに　*iii*

第1章　戦略的意思決定 ……………………………………… *1*

1.1　戦略的意思決定の必要性　*1*
1.2　戦略的意思決定手法としての支配型AHP　*3*
1.3　効用関数から見たSaaty型AHPと支配型AHP　*8*
1.4　各章の概要と構成　*11*
　　第1章の参考文献　*13*

第2章　戦略的意思決定を構成する7つのステップ ……*15*

2.1　戦略の決定　*15*
2.2　情報の収集　*22*
2.3　視点の検証　*23*
2.4　原因とは何か　*25*
2.5　戦術の選定　*26*
2.6　戦術の実行　*27*
2.7　成功か失敗の判断　*29*

第3章　戦略的意思決定を支える3つの道具 ……………*31*

3.1　支配型AHP　*31*
3.2　支配型AHPの数学的構造　*43*
3.3　一斉法の数学的構造　*48*
3.4　超一対比較行列　*52*
　　第3章の参考文献　*52*

目 次

第4章 支配型 AHP から一斉法へ　　55

4.1 はじめに　55

4.2 支配型 AHP と一斉法　55

4.3 評価値一斉法と総合評価値一斉法　58

第4章の参考文献　64

第5章 支配型 AHP と一斉法の適用例　　67

5.1 はじめに　67

5.2 支配型 AHP と重み一斉法の適用例　67

5.3 重み一斉法と総合評価値一斉法の適用例　73

5.4 評価値一斉法の適用例　79

第5章の参考文献　84

第6章 超一対比較行列の提案　　85

6.1 はじめに　85

6.2 一対比較をもとにした支配型 AHP　85

6.3 超一対比較行列　93

6.4 超一対比較行列の計算　96

第6章の参考文献　98

第7章 超一対比較行列の適用例　　99

7.1 はじめに　99

7.2 支配代替案法での超一対比較行列の計算例　99

7.3 多重支配代替案法での超一対比較行列の計算例　106

第7章の参考文献　112

目　次

第 8 章　AHP から超一対比較行列までの数学的解釈
………………………………………………………………………… 113

 8.1　AHP と支配型 AHP　　*114*

 8.2　超一対比較行列の数学的解釈　　*120*

 第 8 章の参考文献　　*125*

付録　付属 CD-ROM 使用マニュアル　　*127*

索引　　*149*

編著者紹介　　*152*

第1章
戦略的意思決定

1.1 戦略的意思決定の必要性

　2000年代前半は，わが国にとって最も重要な意思決定をせまられる年代になるであろう．その背景には，次のような時代の流れがある．一つ目は，2008年9月15日に起こったリーマンショックによる日米欧世界同時不況による経済停滞である．二つ目は，Bricksに代表される新興国の台頭である．2010年の時点で，総GDPで中国は日本を追い越し，世界第2位に躍進した．すなわち，ヨーロッパ，米国の衰退，中国，インド，トルコの台頭に象徴されるように，文明の基軸が西洋から東洋へと転換している点が重要である．これは，近い将来，「海」の時代から「陸」の時代への転換を予兆し，新しいシルクロードの復活をうかがわせる．それは，同時に，「石油」の時代から「電気」の時代への転換を予兆し，新しい「電気自動車」の出現とともに，新しい鉄道技術（新幹線技術，リニアモーターカーの技術）による商業の発達をうかがうものである．一方，国内に目を転ずれば，政局の不安，経済におけるデフレの危機，消費税を中心とした税制改革に対する混迷など，様々な問題がある．このような国内外の時代の流れをいち早く察知し，最適な決断を下すことが，今の日本にとって最も重要なことである．

　ところで，日本は，このような大きな時代の流れを，少なくとも今まで三度経験した．一つ目は戦国時代から徳川幕府成立まで，二つ目は明治維新，三つ目は第二次世界大戦の終戦時である．徳川幕府は，国内の統一に主目的を置き，政局の安定を戦略の第一義とした．したがって，鎖国という情報遮断をあえて決行し，日本の植民地化を防いだ．信長や秀吉にできなかったことを，家

第 1 章　戦略的意思決定

康，家光は意思決定し，成功したと思われる．明治維新は，ペリーの黒船から始まり，明治政府のビルトインまでであり，その間多くの意思決定者が参画した．特にこの時期，幕末と維新の意思決定者が選手交代しているところに特徴がある．しかし，いずれにしても，選手交代は順調に運び，日本の近代化は成功した．やはり，これらの意思決定は，正しかったのであろう．

一方，終戦時は，大日本帝国の崩壊というカタストロフィーを経験した．したがって，いやがうえにも意思決定者は交代し，しかも GHQ（マッカーサー）というマニュアルのもとで改革が行われていった．すなわち，この時期，真の意思決定者（日本としての）はいなかったのである．その延長線上に，高度経済成長をはじめとした，日本の経済的繁栄がある．しかし，この意思決定者不在のつけは大きく，この代償をいま支払わなければならなくなっている．そして，それは，冒頭で述べた種々の制約条件のなかでの最適化であり，徳川幕府成立や維新の頃の意思決定に比べて，桁違いの難題であることに間違いはない．

しかし，このとき，忘れてはならないのは，兵法の大家，孫子の「敵を知り，己を知れば百戦危うからず」という言葉と，近代兵器である．意思決定論における近代兵器とは，OR のなかの支配型 AHP である．敵のデータベースと己のデータベースを構築し，支配型 AHP で解析すれば，百戦危うからずである．

さて，2000 年代前半は，このように意思決定論が重要な課題を解くキーとなるのである．その理由は，一言でいえば，オペレーショナルマネジメント（選択された道を上手に走る戦術論）から戦略的マネジメント（正しい道を選択する戦略論）への変更が急務だからである．1990 年以前の日本あるいは世界は「あれもこれもの時代」であったが，これからの時代（日本も世界も）は，「これだけはの時代」になっているからである．

さて，21 世紀は，このように戦略的意思決定が重要な課題を解くキーワードとなる．このとき，新しい戦略的意思決定手法として登場してきたのが支配型 AHP [2] である．そこで，次節では，この戦略的意思決定手法である支配型 AHP について，従来型 AHP とともに説明する．

1.2 戦略的意思決定手法としての支配型 AHP

(1) Saaty 型 AHP

本項では，サービス価値計測手法として従来の AHP である Saaty 型について説明する[1]。AHP は Saaty によって提案された意思決定手法である．従来の Saaty 型 AHP では，問題解決や意思決定をする際に，解決したい問題を，総合目的(goal)，評価基準(criteria)，代替案(alternative)の関係でとらえ，階層構造を作る．

この階層構造の最上段は，1つの要素からなる総合目的(goal)を置く．レベル2以降には，意思決定のための評価基準(criteria)を設定する．評価基準の要素数は，意思決定者が自由に判断することが可能である．問題解決のためには，様々な状況に応じて問題の構造を表す的確な階層図を構築することが必要である．

最後に，最下層に選択する代替案(alternative)を配置し，これで階層構造は完成となる．

次に，各階層の要素間でそれぞれ一対比較することにより，各要素への重み付けを行う．一対比較とは，2つの要素間についてどちらが重要かを判断し記述する行為で，総合目的から見た評価基準の一対比較，評価基準から見た代替案の一対比較を行う．このとき，n を比較要素数とすると，意思決定者は，$\frac{n(n-1)}{2}$ 個のペア比較をする必要がある．2つの要素間を一対比較するときの重要性の尺度を表 1.1 に示す．

表 1.1 重要性の尺度と定義

重要性の尺度	定義
1	同じくらい重要(equal importance)
3	やや重要(weak importance)
5	かなり重要(strong importance)
7	非常に重要(very strong importance)
9	極めて重要(absolute importance)

(2, 4, 6, 8 は補完的に中間値として用いる)

第1章 戦略的意思決定

2つの要素間の一対比較の結果から，表1.1の尺度を用いて作る一対比較行列 A の主固有ベクトルの成分が各要素の重みとなる．階層内の一対比較により一対比較行列を作り，n 個の要素への重みを成分とする重みベクトルとして，

$$\mathbf{W} = \begin{bmatrix} w_1 \\ w_2 \\ \vdots \\ w_n \end{bmatrix} \tag{1.1}$$

を求めることになる．このとき，要素 i の要素 j に対する重要度を a_{ij} とする．このとき，一対比較行列は，$A = [a_{ij}]$ と表現でき，仮に重み W が既知であるとすると，$A = [a_{ij}]$ は，次のようになる．

$$A = \begin{bmatrix} \dfrac{w_1}{w_1} & \dfrac{w_1}{w_2} & \cdots & \dfrac{w_1}{w_n} \\ \dfrac{w_2}{w_1} & \dfrac{w_2}{w_2} & \cdots & \dfrac{w_2}{w_n} \\ \cdot & \cdot & & \cdot \\ \cdot & \cdot & \cdots & \cdot \\ \cdot & \cdot & & \cdot \\ \dfrac{w_n}{w_1} & \dfrac{w_n}{w_2} & \cdots & \dfrac{w_n}{w_n} \end{bmatrix} \tag{1.2}$$

ただし，

$$a_{ij} = \frac{w_i}{w_j},\ a_{ji} = \frac{1}{a_{ij}},\ i = 1,\ 2,\ \cdots,\ n,\ j = 1,\ 2,\ \cdots,\ n$$

である．この場合，すべての $i,\ j,\ k$ について，

$$a_{ij} \times a_{jk} = a_{ik} \tag{1.3}$$

が成り立つ．これは，意思決定者の判断が完全に整合性が保たれている状態である．この一対比較行列 A に重みベクトルである W を掛けると，ベクトル $n\mathbf{W}$ が得られる．すなわち，

1.2 戦略的意思決定手法としての支配型 AHP

$$AW = nW \tag{1.4}$$

となり，この式は，固有値問題として，

$$(A - nI)W = 0 \tag{1.5}$$

に変形できる．ここで，$W \neq 0$ が成り立つには，n が A の固有値になる必要があり，このとき，W は A の固有ベクトルとなる．さらに，A の階数は 1 であるため，固有値 $\lambda_i (i=1, 2, \cdots, n)$ は 1 つだけを除いてすべて 0 となる．また，A の主対角要素の和は n である．ここで，唯一，0 でない λ_i は n となり，重みベクトル W は A の最大固有値に対する正規化した固有ベクトルとなる．しかし，実際の状況下において W は未知であるため，これを実際に得られた一対比較行列 A より求めなければならない．そこで，A の最大固有値を $\lambda_{\max}$ とすると，

$$AW = \lambda_{\max} W \tag{1.6}$$

となる．これを解くことにより，W を求めることができる．つまり，一対比較行列の最大固有値 $\lambda_{\max}$ に対する固有ベクトルが各評価基準の重みとなる．実際に AHP を適用する際は一対比較行列の固有値を求める以外に，一対比較行列の行の幾何平均を用いることで重みを導出することもできる．

代替案のすぐ上の評価基準の重みを W とし，代替案に直接かかる各評価基準からの各代替案の重みを計算したものを評価行列 M とすると，各代替案の優先度としての総合評価値を $E_1, E_2, \cdots, E_n$ とし，これを成分とするベクトルは，

$$E = \begin{bmatrix} E_1 \\ E_2 \\ \vdots \\ E_n \end{bmatrix} = MW \tag{1.7}$$

となる．

(2) 支配型 AHP

本項では，木下・中西によって提案された支配型 AHP[2],[3] について述べる．

5

第 1 章　戦略的意思決定

Saaty 型 AHP がすべての代替案の評価値について評価値を合計 1 に正規化するのに対して，支配型 AHP ではある 1 つの代替案に着目し，その代替案を基準に評価を行う．

支配型 AHP では，評価の土台となるベンチマークとなった代替案を支配代替案と呼び，それ以外の代替案を服従代替案と呼ぶ．

代替案 X, Y, Z をそれぞれ支配代替案としたときの評価基準の重みを，それぞれ W_X, W_Y, W_Z とし，それらを成分とする行列を，

$$W = (W_X, W_Y, W_Z) \tag{1.8}$$

とする．また，評価基準の下での評価値を成分とする行列 M と行列 M_i をそれぞれ次式で表す．

$$M = \begin{bmatrix} a_{X\mathrm{I}} & a_{X\mathrm{II}} \\ a_{Y\mathrm{I}} & a_{Y\mathrm{II}} \\ a_{Z\mathrm{I}} & a_{Z\mathrm{II}} \end{bmatrix} \tag{1.9}$$

$$M_i = M \begin{bmatrix} \dfrac{1}{a_{i\mathrm{I}}} & 0 \\ 0 & \dfrac{1}{a_{i\mathrm{II}}} \end{bmatrix} = MA_i^{-1} \tag{1.10}$$

ただし，式 (1.10) において，

$$A_i = \begin{bmatrix} a_{i\mathrm{I}} & 0 \\ 0 & a_{i\mathrm{II}} \end{bmatrix} \tag{1.11}$$

とする．

支配型 AHP では，ある代替案に着目し，その代替案を基準にして他の代替案を評価する．具体的には，各評価基準の下での支配代替案の評価値を 1 に正規化して，服従代替案との評価を行う．

例えば，代替案 X が支配代替案であるとき，X から見た評価基準の重みは，

$$A_X A_X^{-1} W_X = W_X \tag{1.12}$$

となる．また，評価基準の下での評価値は，代替案 X の評価値を 1 に正規化

1.2 戦略的意思決定手法としての支配型 AHP

するため，

$$M_X = MA_X^{-1} \tag{1.13}$$

となる．そして，代替案の優先度として総合評価値は，

$$M_X(A_X A_X^{-1} W_X) = MA_X^{-1} W_X \tag{1.14}$$

で与えられる．このとき，Y から見た評価基準の重みの推定値は $A_Y A_X^{-1} W_X$ となり，総合評価値は，

$$M_Y(A_Y A_X^{-1} W_X) = MA_X^{-1} W_X \tag{1.15}$$

となる．同様に，Z から見た評価基準の重みの推定値は $A_Z A_X^{-1} W_X$ となり，総合評価値は，

$$M_Z(A_Z A_X^{-1} W_X) = MA_X^{-1} W_X \tag{1.16}$$

で与えられる．式(1.14)～式(1.16)より，支配型 AHP は代替案ごとに総合評価値を得るが，3つの式を合計1に正規化すると，代替案 X，Y，Z ごとの総合評価値は一致する．

Saaty 型 AHP は，総合目的から代替案まで一方向的な流れによって意思決定が行われる．そして，すべての代替案を全体的に均等に見渡す視点に立ち，代替案の評価値を合計で1となるように正規化するのが特徴である．しかし，Saaty 型 AHP には以下の2つの問題点がある．

① 代替案の評価値に対する合計1の正規化による縮約が，代替案の順位逆転を発生させることがある．この問題には，例えば Belton と Gear の指摘する代替案の順位逆転の反例がある[4]．

② 実際の人々の意思決定や評価の際は，ある代替案を基準にし，それ以外の代替案と比較する，ベンチマークや叩き台といった評価行動をとったり，特定の評価基準を念頭に置いて代替案を評価したりする場合が多く，そうした場合に Saaty 型 AHP は対応できない．

支配型 AHP は，人々の意思決定が，まずある代替案（支配代替案）に着目し，それを基準に評価を行う．人間の意思決定において，すべての代替案を均等に見渡すのでなく，差別的個性をもつ代替案を基準にし，意思決定を行うのが特徴である．支配型 AHP は特定の支配代替案を設定し，支配代替案の評価を基準に評価基準の重みを決める．ある評価基準について，支配代替案の評価値を

1とすることにより評価を行うのである．そのため，支配代替案を変化させることで，評価基準の重みは異なるものの，代替案の総合評価値については整合性が保たれている．支配型AHPは，順位逆転問題の原因となる個別の評価値の正規化の排除と，より広範囲な人間の意思決定に対応する特定の支配代替案の設定という2つの特徴をもっている．適用事例として，神田他は，サービス価値計測手法としてSaaty型AHPと支配型AHPを食感性評価に適用し，人々の食に対する評価を定量的に導出し，サービス価値計測を行っている[5]．

次に，支配型AHPの正当性を効用関数の概念から説明する．

1.3　効用関数から見たSaaty型AHPと支配型AHP

(1)　多属性効用関数の表現型

従来までの経済的財についての価値計測手法として，多属性効用関数がある．多属性効用関数は，互いに共通の単位で測定できない多数の属性 x_i, $i = 1, 2, \cdots, m$ を単一の尺度で評価しようとするものであるから，複雑な形式をしていることがある．そして，その複雑さは，実践的な問題に直面したときや応用事例においてはその有用性を失わせる可能性がある．したがって，多目的システムの分析に望ましい性質を保持し，かつできるだけ平明な，取り扱いやすい形式で表現される多属性効用関数の関数型を見出さなければならない．

多属性効用関数では，表現型の一つとして式(1.17)のような加法型がある[6]．

$$u(x) = \sum_{i=1}^{m} k_i u(x_i), \quad \sum_{i=1}^{m} k_i = 1, \quad 0 \leq u(x_i) \leq 1 \tag{1.17}$$

ある属性の重み k_i とある属性での効用値 $u(x_i)$ の積を，すべての属性について合計することで，効用を求めている．

実際に効用関数を測定するには，各属性について，最良と最悪の範囲を設定し，危険回避，危険希求，中立型などの個人の選好パターンを明らかにし，効用関数を測定することなどが必要となる．そのために効用関数を導出することは，数学的に可能でも，実際に行うのは容易ではない．

1.3 効用関数から見た Saaty 型 AHP と支配型 AHP

(2) 効用関数から見た Saaty 型 AHP

1.2 節で説明したように，AHP は定量的な代替案の優先順位付けを容易に行える有用な手法である．そのため，サービスの価値計測手法として用いることが可能である．ただし，AHP にも Saaty 型 AHP や支配型 AHP といった手法ごとに違いがあるため，すべての AHP モデルがサービスの価値計測に適用できるわけではない．

まず本節では，効用関数の表現型と比較して，Saaty 型 AHP の特徴を以下にまとめる．

① 複数の代替案を評価するのに，一度に全代替案を評価するのではなく，2 つの代替案に対する総当り一対比較の繰り返しによる一対比較行列に基づいて行う．

② ①における一対比較行列の最大固有値に対する固有ベクトルが評価値を与える．固有ベクトルはスカラー倍が任意であることから，成分の和が 1 となるように正規化される．一対比較行列の幾何平均を用いてもよい．

③ 評価基準が複数個ある場合，評価基準間の一対比較によって，各評価基準の重みが計算される．

④ ②，③ より，各代替案の総合評価値が求められる．

Saaty 型 AHP の代替案と評価基準を整理すると，以下のようになる．

m 個の評価基準を C_1, C_2, $\cdots$, C_i, $\cdots$, $C_m (i = 1, 2, \cdots, m)$ とし，n 個の代替案を A_1, A_2, $\cdots$, A_j, $\cdots$, A_n $(j = 1, 2, \cdots, n)$ とする．さらに m 個の評価基準の重みをそれぞれ k_1, k_2, $\cdots$, k_m として，i 番目の評価基準の下での n 個の代替案の評価値をそれぞれ w_{i1}, w_{i2}, $\cdots$, w_{in} とすると，総合評価値は式 (1.18) に示すように表現することができる．

$$U_j = \sum_{i=1}^{m} k_i w_{ij} \tag{1.18}$$

この総合評価値が，代替案 j に対する優先度である効用値を表しているといえる．式 (1.17) と式 (1.18) を比較すると，i 番目の評価基準のもとで Saaty 型 AHP により評価した n 個の代替案である A_1, A_2, $\cdots$, A_j, $\cdots$, A_n に対する評価値 w_{i1}, w_{i2}, $\cdots$, w_{in} は，i 番目の評価基準のもとで n 個の代替案に対し

て評価した効用値 $u_i(x_{i1})$, $u_i(x_{i2})$, $\cdots$, $u_i(x_{in})$ を表現していることになる．ここで $u_i(x_{ij})$, $j = 1, 2, \cdots, n$ は，評価基準（属性）i に関する代替案 j の評価値を表している．このことにより，Saaty 型 AHP によって評価されたある代替案の総合重要度は，複数の評価基準の間での多属性効用値を表していると換言することもできる．

さて，Saaty 型 AHP においては，以下の式 (1.19)，式 (1.20) の正規化を行っている．式 (1.19) は，評価基準間の重みの和を 1 に正規化を行っている．

$$\sum_{i=1}^{m} k_i = 1 \tag{1.19}$$

さらに，式 (1.20) はある評価基準の下での各代替案の評価値の和を 1 にする正規化を行っている．

$$\sum_{i=1}^{m} w_{ij} = 1 \tag{1.20}$$

式 (1.19) の正規化は，効用理論における式 (1.17) の重み k_1, k_2, $\cdots$, k_m の和を 1 に正規化することと整合しており，問題はない．しかし，式 (1.20) の代替案に関する正規化は，効用理論において，n 個の代替案に対して評価した効用値 $u_i(x_{i1})$, $u_i(x_{i2})$, $\cdots$, $u_i(x_{in})$ の和を 1 にする正規化に相当しており，効用理論の立場からはきわめて不適切といわざるをえない．効用理論では，式 (1.17) の中の $u_i(x_{ij})$ が正の線形変換の範囲で一意であることから，この値を最悪の属性値に対して 0，最良の属性値に対して 1 に正規化している．この式 (1.20) の正規化から，Saaty 型 AHP の誤謬として，総合評価値の順位逆転現象 [4] が起こっているのである．

(3) 効用関数から見た支配型 AHP

本項では，支配型 AHP の表現型について記述する．支配型 AHP の手順は 1.2 節で数学的に説明した．効用関数の表現型と比較すると支配型 AHP の特徴は以下のようにまとめることができる．

① 評価基準と代替案を階層構造にまとめる．このとき，評価の叩き台としての支配代替案を選ぶ．

② 評価基準間の一対比較を行う．ただし，この一対比較は①で選んだ支配代替案を評価することを想定して行う．この一対比較行列の最大固有値に対する固有ベクトルからそれぞれの評価基準の重みがわかるが，この重要度の和が1になるように正規化する．

③ それぞれの評価基準のもとでの，各代替案の評価を総当り一対比較により求める．すなわち，一対比較行列の最大固有値に対する固有ベクトルからそれぞれの代替案の評価比がわかり，支配代替案の評価が1になるように正規化する．

④ ②，③の演算より，総合評価値 U_j を求めることができる．ただし，支配代替案の総合評価値は1となる．

以上の①～④より，支配型 AHP による総合評価値は以下のように示すことができる．

$$U_j = \sum_{i=1}^{m} k_i w_{ij} \tag{1.21}$$

ただし，1.2 節でも説明したように，評価基準の正規化は $\sum_{i=1}^{m} k_i = 1$ であり，総合評価値については，$U_{j^*} = \sum_{i=1}^{m} k_i w_{ij^*} = 1$ となる正規化を行っている．

ここでも，加法型効用関数により表現されている式(1.17)と支配型 AHP を表現している(1.21)式は，構造的に同型であることがわかる．したがって，支配型 AHP は加法型多属性効用関数の一つの同定を明示している．そして，支配型 AHP を用いれば Belton と Gear などによる順位逆転現象は生じない．

以上から，サービス価値計測手法として AHP を用いる場合は，Saaty 型 AHP より支配型 AHP のほうが有効であると主張できる．

1.4　各章の概要と構成

本書の構成を図 1.1 に示す．

第 1 章 戦略的意思決定

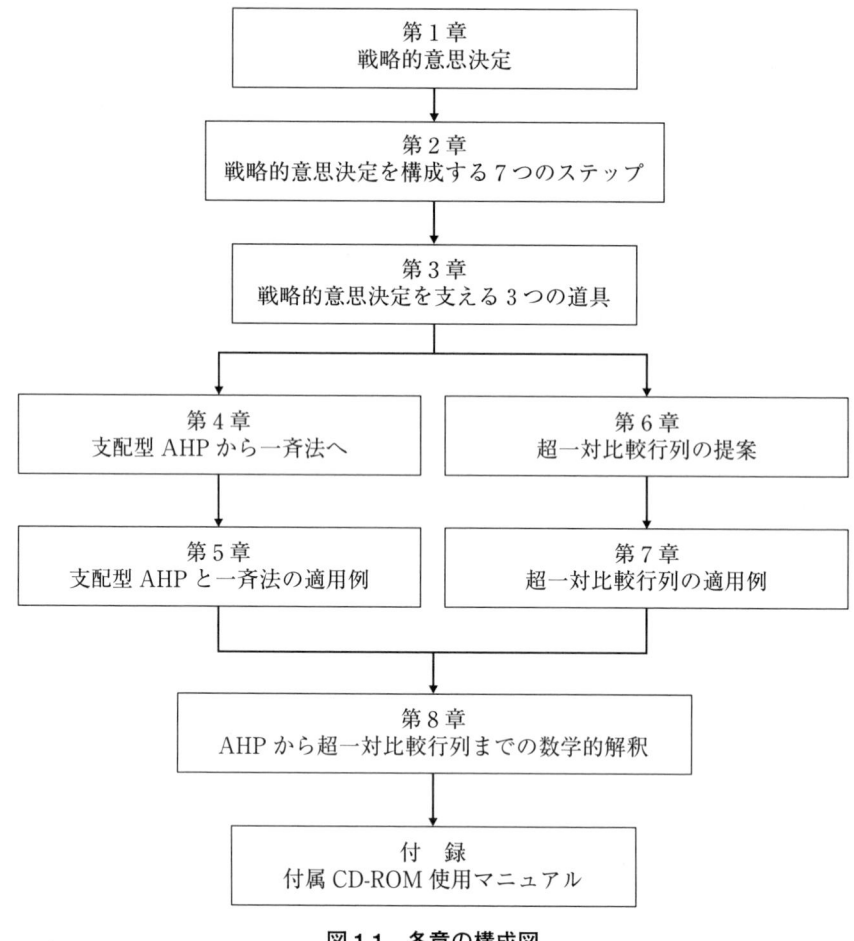

図 1.1 各章の構成図

　第 1 章は，序論として，「戦略的意思決定」の必要性と，「戦略的意思決定手法」としての支配型 AHP の正当性について記述している．また，本書全体の構成についても描いている．

　第 2 章は，戦略的意思決定を構成する 7 つのステップについて順を追って記述している．また，第 2 章に記述した 7 つのステップと第 3 章に記述した 3 つの道具の関係は，**図 1.2** に示したとおりである．

① 戦略の決定→支配型 AHP の総合目的
② 情報の収集→支配型 AHP の評価基準
③ 視点の検証→支配型 AHP のシナリオ分析
④ 原因とは何か→支配型 AHP における評価基準と代替案の関係，一斉法の適用
⑤ 戦術の選定→支配型 AHP の代替案
⑥ 戦術の実行→支配型 AHP，一斉法，超一対比較行列の適用
⑦ 成功か失敗の判断→超一対比較行列の適用で判断できる

図1.2　戦略的意思決定を構成する7つのステップと手法の関係

　第3章は，戦略的意思決定を支える3つの道具，「支配型 AHP」，「一斉法」，「超一対比較」についてその概要について述べている．

　第4章は，AHP の発展モデルである支配型 AHP（木下・中西提唱）から一斉法（木下・中西提唱）について述べている．

　第5章は，支配型 AHP，一斉法，評価値一斉法（杉浦・木下提唱），総合評価値一斉法（杉浦・木下提唱）の適用例について記述している．

　第6章は，支配代替案法，多重支配代替案法の評価過程で表れる一対比較に注目し，それらを1つの一対比較行列として表現するような，超一対比較行列（大屋・木下）について記述している．

　第7章は，超一対比較行列（SPCM）の適用例について記述している．

　第8章は，AHP と支配型 AHP の数学的構造，支配型 AHP における互換性についての分析，本書に付属している超一対比較行列の数学的表現と支配型 AHP との関係を中心に記述している．

　付録は，本書に付属している CD-ROM に入っている，支配型 AHP の総合評価値を計算するアプリケーションのマニュアルである．

第1章の参考文献

[1]　Saaty, T. L.：*The Analytic Hierarchy Process*, McGraw-Hill, 1980.
[2]　木下栄蔵，中西昌武：「AHP における新しい視点の提案」，『土木学会論文集』，No.569/IV-36, pp.1-8, 1997.
[3]　E. Kinoshita, and M. Nakanishi："Proposal of New AHP model in light of

Dominant Relationship among Alternatives", *Journal of Operations Research Society of Japan*, 42, 2, pp.180-197, 1999.

[4]　Belton, V. and Gear, T.：" On a short-coming of Saaty's Method of Analytic Hierarchies", Omega, Vol.11, No.3, pp.228-230, 1982.

[5]　神田太樹，杉浦伸，木下栄蔵：「食産業におけるサービスの生産性向上に向けた支配型 AHP による食感性評価」，『日本感性工学会論文誌』，Vol.10, No.2, pp.95-100, 2011.

[6]　瀬尾芙巳子：『思考の技術　あいまい環境下の経営意思決定』，有斐閣，1994.

[7]　木下栄蔵，杉浦伸：「効用関数からみた AHP と支配型 AHP」，『日本オペレーションズリサーチ学会，2010 年秋季研究発表会アブストラクト集』，pp.168-169, 2010.

第2章
戦略的意思決定を構成する7つのステップ

戦略的意思決定は，下記の7つのステップで構成されている．本章では，この7つのステップについて順を追って説明する（図2.1）．

> ① 戦略の決定
> ② 情報の収集
> ③ 視点の検証
> ④ 原因とは何か
> ⑤ 戦術の選定
> ⑥ 戦術の実行
> ⑦ 成功か失敗の判断

図 2.1　戦略的意思決定を構成する7つのステップ

2.1　戦略の決定

戦略的意思決定が行われるには，「崇高な戦略」と「具体的な戦術」が共存し，かつこれらが有機的に結合していることが必要である．そのためには，戦略とは何か，戦術とは何か，戦略と戦術の違いは何かということを明確にしておかなければならない．

(1)　戦略とは何か

物事は，必ず戦略的に対立する2つの側面から成り立っている．例えば，左と右，上と下，あるいは，戦争と平和などがあげられる．このように，2つの

第2章 戦略的意思決定を構成する7つのステップ

側面のうち，どちらか1つを選ばなければならず，2つを同時に行うことはできないような行動の方向の決定を「戦略決定」という．

例えば，ある人間に対して戦略Aが決定されれば，戦略Aを達成するためのXという行動が出てくるものとする．この行動Xのことを，本書では「戦術」と定義する．ところが，同時にこの人間は戦略Bのことも考え，戦略Bを達成するためのYという行動，すなわち戦術Yが行動原理として出てきたとする．このとき，XとYの2つの行動に不統一が生じ，XとYの2つの行動に衝突が生まれる．この衝突を「戦略の不統一」という．このような行動をとっている人間や組織（企業や政府）は失敗を繰り返すのである．

『失敗の本質』（ダイヤモンド社，戸部良一他）の中で述べられている，戦術に関する「日本軍部」の失敗の本質は，上述した「戦略の不統一」と同じことなのである．すなわち，「戦略の不統一」とは，「失敗の本質」なのである（図2.2）．

一方，ある人間に対して戦略Aが決定され，戦略Aを達成するためのXという戦術が出てくるものとする．この戦術Xを補強あるいは補完するために，同じ戦略AからX'という戦術が後に出てくるものとする．このときXとX'の2つの戦術に統一が生まれ，XとX'の2つの戦術に有機的結合が生まれる．この有機的結合を「戦略の統一」という．このような行動をとっている人間や組織（企業や政府）は，成功に次ぐ成功を繰り返すことができるだろう．すなわち，「成功の本質」とは「戦略の統一」のことを，「戦略の統一」とは，「成功の本質」のことを意味しているのである（図2.3）．

国家戦略の最高決定は，戦争か平和かの選択である．相手国と平和を維持するが，同時に戦争もしているということはあり得ない．戦争をするか，平和を維持するか，どちらか1つを選択しなければならない．国際情勢を見るときは，いつもこの根本に立って，戦略的にどちらの行動をとっているかということから観察していれば，判断を誤ることはない．

1）「失敗の本質」＝「戦略の不統一」の例

そこで，国家戦略の最高決定である，戦争か平和かの戦略選択において，「失敗の本質」，すなわち「戦略の不統一」の例として，第二次世界大戦時の日本

2.1 戦略の決定

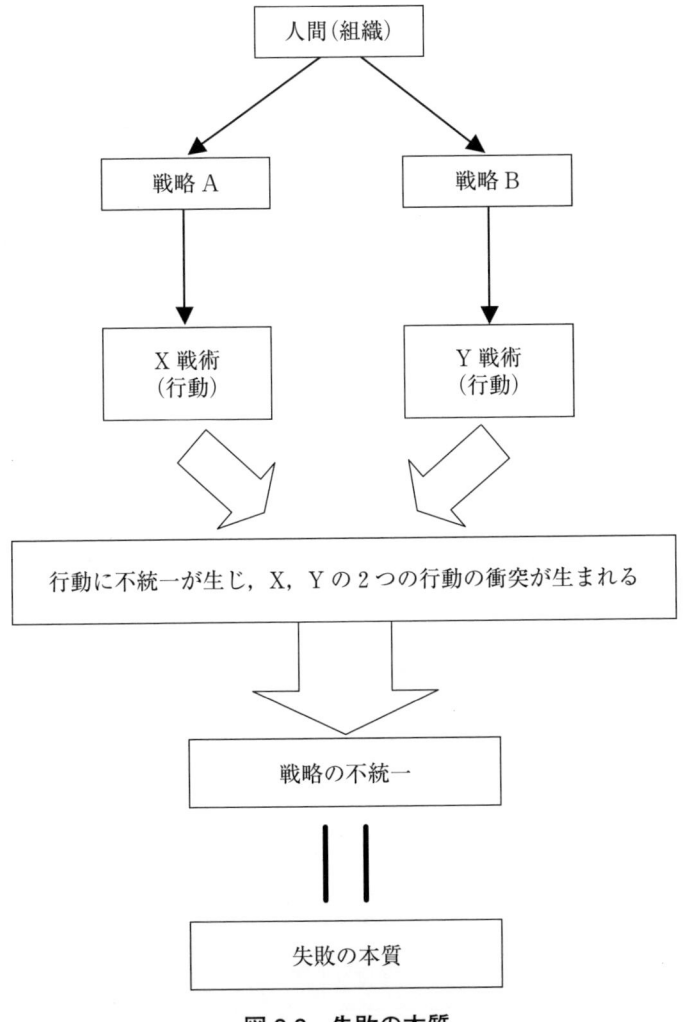

図 2.2　失敗の本質

軍を例に説明する．

　1931 年 (昭和 6 年) に満州事変が起こり，ここから日本は中国大陸に進出していく．翌 1932 年に上海事変が起こり，同年満州国建国を宣言する．翌 1933 年，日本は国際連盟から脱退し，国際的に孤立していく．そして，1937 年 (昭和 12 年) 7 月 7 日，日中戦争へと突き進んでいく．これは，**図 2.4** にも示すが，

17

第 2 章 戦略的意思決定を構成する 7 つのステップ

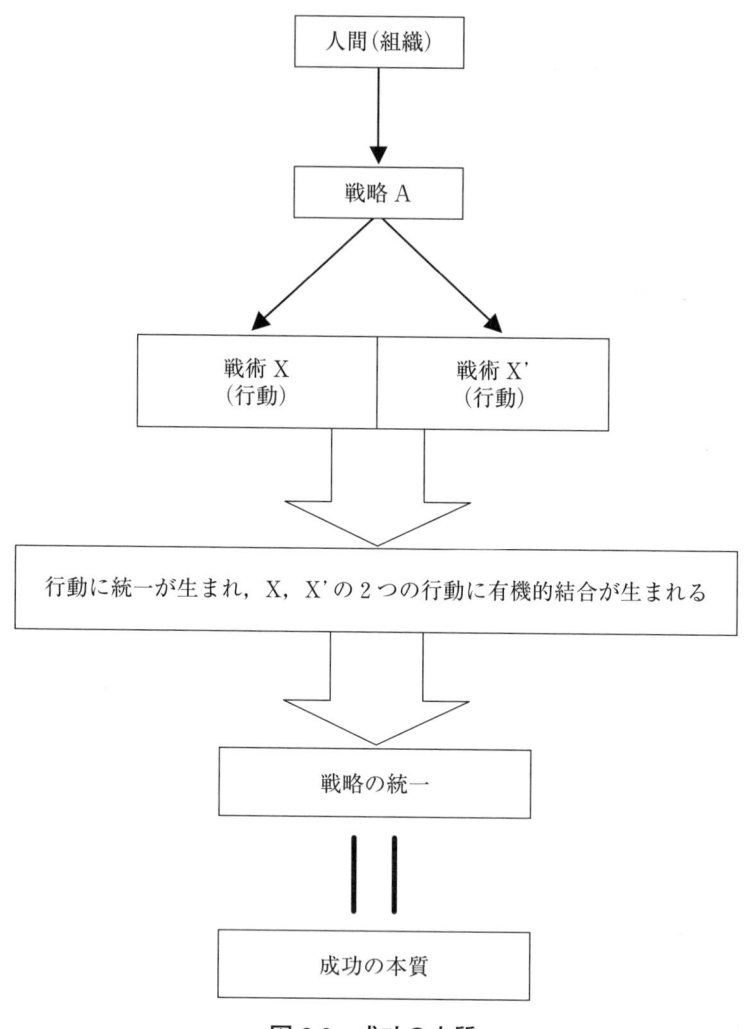

図 2.3 成功の本質

日本の国家戦略が「戦争」という「戦略 A」を選択したことに他ならない.その結果として,国際的に孤立していくのである.この時期から,米国の対日要求が激しくなり,日本は対米戦を避けるため譲歩に次ぐ譲歩を繰り返すのである.しかし,米国の「対日要求」の激化の原因が日本の中国への進出であるこ

2.1 戦略の決定

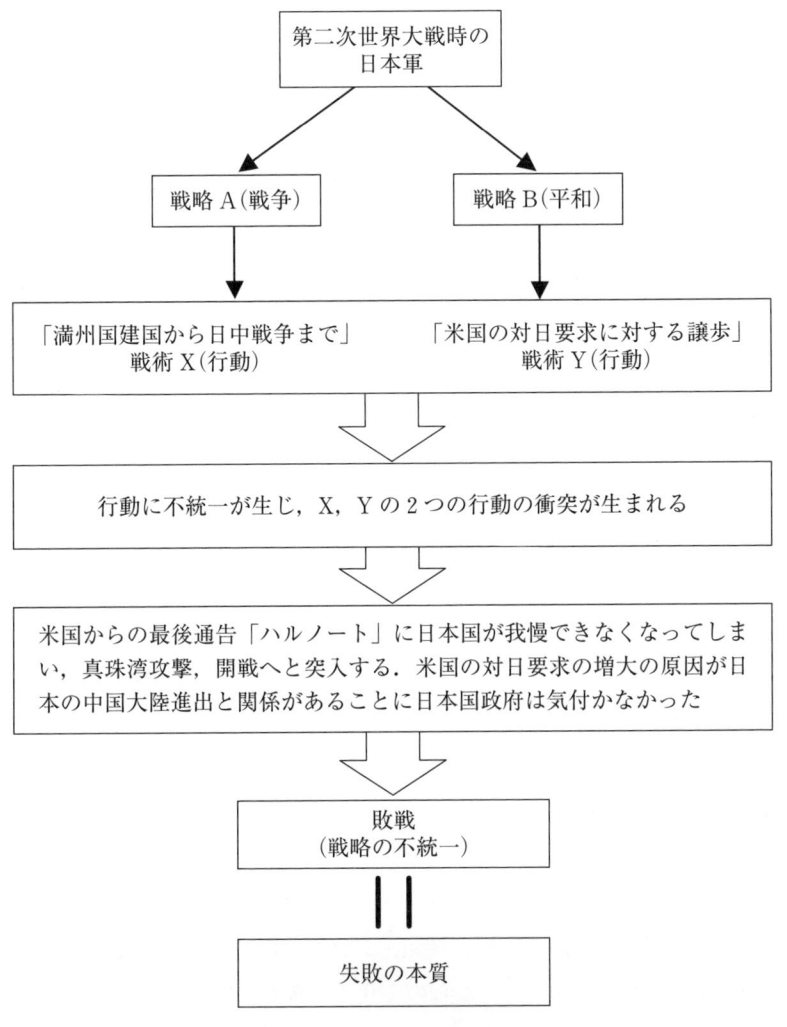

図 2.4 失敗の本質の例

とがわかれば，日本のとるべき道は，もっと明確に「戦争」という「戦略 A」か，平和(戦争回避)という「戦略 B」かを決断できたはずである．

ここで重要なことは，「戦略 A」をとることが間違いで，「戦略 B」をとるべきだったといっているのではない．「戦略 A」か「戦略 B」の決断が，国際政

第2章　戦略的意思決定を構成する7つのステップ

治上極めてあいまいだったことが問題であり，「失敗の本質」だったのである．すなわち，対中国に対しては，明確に「戦略A」を選択し，対米国に対しては明確に「戦略B」を選択したため，対中国への戦術X(行動)と対米国への戦術Y(行動)に不統一が生じ，X，Yの2つの行動の衝突が生まれたことに問題があるのである．その結果，米国からの最後通告「ハルノート」に日本国が我慢できなくなってしまい，真珠湾攻撃，開戦へと突入する．米国の対日要求の増大の原因が日本の中国大陸進出と関係があることに日本国政府が気付かなかったために，「戦略の不統一」となったのである．これは，日本の無条件降伏という国家戦略としては最悪のシナリオが結末となる．「失敗の本質」＝「戦略の不統一」の典型的な例といえる(図2.4)．

2)「成功の本質」＝「戦略の統一」の例

次に，国家戦略の最高決定である，戦争か平和かという「戦略」において，「成功の本質」，すなわち「戦略の統一」の例として，1960年に発生したキューバ危機を検証する．

1960年当時は「米ソ冷戦時代」といわれ，米国と旧ソ連とも戦略目標を平和に焦点を当てていた．また，その平和の担保として核を保有し，核の保有バランスが，平和という戦略のための戦術(核の保有バランス)であった．ところが，米国CIAが，当時ソ連の従属国であったキューバに，ミサイル基地(核ミサイル)があることを確認した．これは，米国にとって，核の保有バランスが崩れ，核の保有が平和戦略のための「戦術」になっていないことを意味している．そのために，当時の米国大統領，ジョン・F・ケネディは，当時のソ連首相フルシチョフに「キューバからのミサイル撤去」を申し出た．そしてケネディは，もしフルシチョフが約束を破れば，米国はためらいなくモスクワに核攻撃を加える，と断言した．この米国のメッセージ(戦術)は，あくまで「平和戦略」に沿った行動であったため，事の重大さを納得したフルシチョフは，期限内にキューバからミサイルを撤去したのである．このことにより，世界の平和は保たれ，核抑止力としての核保有の抑止力が証明されたのである(図2.5)．

2.1 戦略の決定

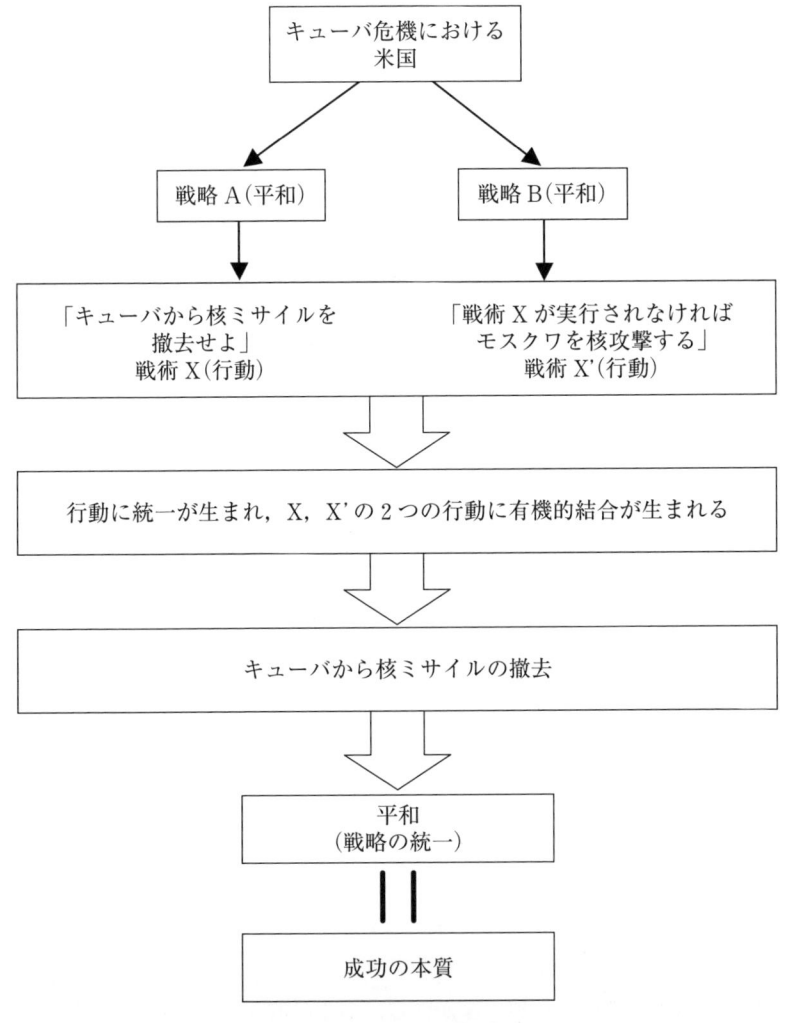

図 2.5 成功の本質の例

(2) 戦術とは何か

戦術とは，戦略を実現させるための手段・方法のことである．したがって，戦術は，2つのうち1つを選ぶという関係にはない．多くの戦術が，戦略に従っているものであれば，同時に多数を採用することもできるのである．「右」だと方向を決めれば，10でも100でも道はある．どの道を通ろうと「右」であ

ることには変わりないのである．したがって，物理的に便利／不便はいえても，こちらは「いい」が，あちらは「だめ」ということにはならない．例えば，平和という戦略が決まれば，それを実現するための戦術的協定は，いかようにでも変化できるのである．

「戦術は戦略に従属する」（定理）

戦略に反した戦術は，いくら目前の都合がよさそうに見えても，戦術は実現できない．「右」に行くと決めたのに，舗装が立派だからと「左」に行く道を走りだしたら，「右」には行けない．どんなに小さな手入れされていない道でも，「右」へ向かっている道路を走れば，「右」に行けるのである．

「難しい」「解決できない」といった種々の苦情は，多くの場合，戦略と戦術の分離ができていないことから起こる．両者の分離ができると，「なんだ，こんな簡単なことだったのか」と，やさしいことに思われてくるものである．「問題解決」の先が見えないのは，いままで述べてきたように，「戦略」と「戦術」の混同からくることが多いのである．

2.2 情報の収集

情報には，日常的情報と非日常的情報の2種類がある．

日常的情報は，インフラ情報と呼ばれ，新聞，テレビ，週刊誌・雑誌，インターネット上の情報などを指す．このような情報媒体の情報の中から，重要と思われるインフラ情報の中身を「インフォメーション」と名付ける．一方，このような情報媒体の内の情報のなかから，ある目的（戦略）をもって選び出されたインフラ情報を「スーパーインフォメーション」と名付ける．

一方，非日常的情報は，フロー情報と呼ばれ，一般的公開されてない情報を指す．それはフェースツーフェースからの情報や，戦争時の通信傍受，あるいはスパイ情報を指す．このような，情報媒体の内の情報の中から重要と思われる情報を選び出された中身を「インテリジェンス」と名付ける．一方，同時に，フロー情報であっても，このような情報媒体の内の情報の中から，ある目

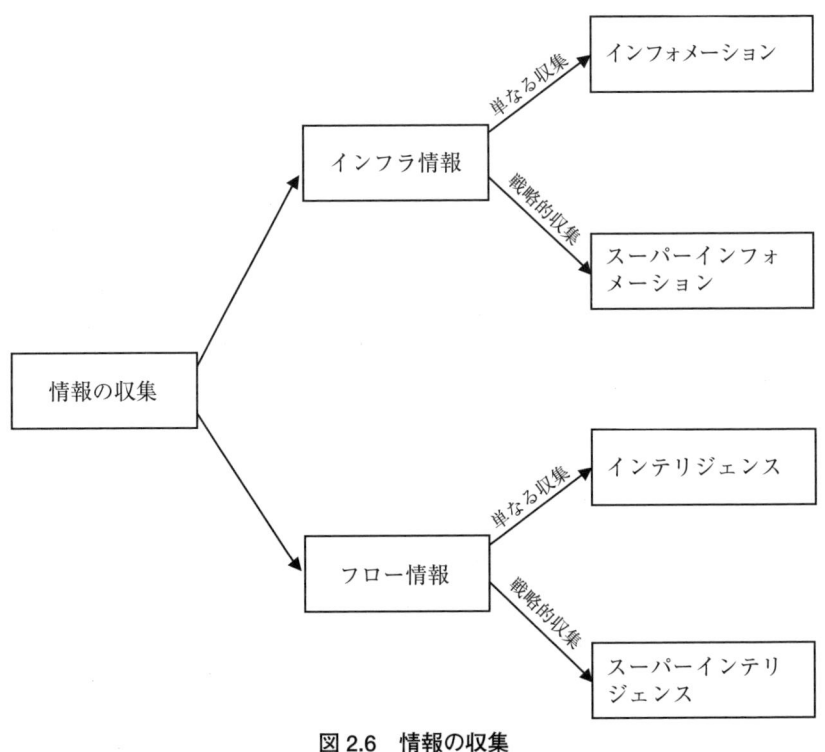

図 2.6　情報の収集

的(戦略)をもって選び出されたフロー情報を「スーパーインテリジェンス」と呼ぶことにする．このように，戦略的意思決定には，図 2.6 に示すように，4 種類の情報収集があることがわかる．

2.3　視点の検証

　情報の一つひとつは，その情報を入手したときの自分の立場と，情報を出した人の立場を検証する必要がある．その検証により，ウソの情報と真実の情報の区別がつくのである．

　例えば，ある会社で新しい事業部を設置する案が社長から出されたとする．この新事業部の商品に人気が出て売上が上がる側面もあるし，同時に消費者に

第2章 戦略的意思決定を構成する7つのステップ

人気がなく，赤字が生じる側面もある．新事業部のよい側面を取り出せば，いくらでも出てくるし，新事業部の悪い側面をとり出せば，これまたいくらでもとり出せるのである．したがって，この新事業部が「成功する」，または「失敗する」ということは，議論するだけムダというものである．新事業部は，まだできていないのであるから，賛成派も反対派も，確定的な事実材料がないことにおいて，まったく同じである．それなのに，一方は賛成派，他方は反対派に分かれるのは，双方の戦略がはじめから違っているのである．その戦略決定は，この新事業部が「成功する」か「失敗する」かの確定的事実をもたないのだから，それ以外の材料にもとづくと考えなければならない．

賛成派のX副社長は，これで成績を上げて認められ，次期社長になろうと考えているとする．したがって，是が非でもこの新事業部設置を推進することで，その機会をつかもうと思っているのである．また賛成派のY部長は，X副社長についていれば，自分が副社長になれると思っているのだ．

一方，反対派のZ専務は，X副社長のライバルで，この新事業部がうまく成功したら自分の次期社長の芽がなくなる．これをつぶして，次にZ専務自身がもちだす構想を実現させ，Z専務自身の成績にしようと思っているのである．自己の利益の立場から反対しているのであり，新事業部の成功や失敗という企業の利害には直接関係なく，成功してもらっては困るのである．

つまり，この例では，この会社における新事業部に対する対立した立場から，事物の全面を伝えず，自分に都合のよい一面だけを伝え，他の面を伝えないということになる．片面的情報になるのは，大抵が個人的立場に立つからである．こういう議論をいくら続けていても，何の役にも立たないのである．

したがって，会社の利益の立場に立てば，新事業部についての，成功する側面と失敗する側面の，両方の情報が必要となる．そして，社会情勢や経済情勢など，関連する諸情報を総合して，どの時点，どの地点で，どのように新事業部を誕生させるかを決定すればよい．

すなわち，視点と情報，視点の分析，事情と情報の違いを明確に認識する必要がある．そして，物事を見るときの視点は複数あり，それはシナリオと呼ぶことができる．したがって，視点（シナリオ）の違いにより情報は異なってく

る．このような，視点の分析が重要なのである．このことは，事実と情報から得られる知見を混同することを戒めているのである．

2.4　原因とは何か

　戦略的意思決定の際の重要な心構えは，原因と条件との違いを明確に認識することである．原因がわかれば，結果が推論できる．すなわち，

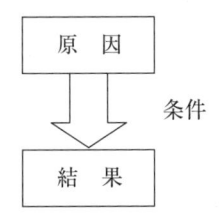

```
┌──────┐
│ 原　因 │
└──┬───┘
   │   条件
   ▼
┌──────┐
│ 結　果 │
└──────┘
```

という推移が成り立つのである．これを「原因と結果」の法則と名付けることにする．条件とは，原因と結果の法則が作動するための環境整備のことを意味している．そのため，原因と条件を混同してしまうと，重要な意思決定を誤ることになる．

　このことは，因果関係と相関関係の違いで説明できる．例えば，ある高校で，喫煙と成績の間に相関関係があることを，この高校で学生指導に当たっている先生が調査した．すなわち，「喫煙をしている生徒の成績が悪い」という結論に達したのである．このことを例にして，以下のような推論をこの先生は行った．

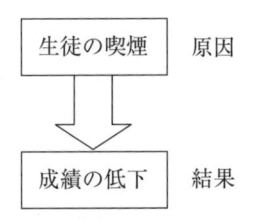

```
┌────────┐
│ 生徒の喫煙 │　原因
└────┬───┘
     │
     ▼
┌────────┐
│ 成績の低下 │　結果
└────────┘
```

　すなわち，生徒の喫煙が原因で生徒の成績が低下した，という結果を導いた

のである．しかし，この原因と結果の法則が間違っていることは一目瞭然である．なぜなら，この学生指導担当の先生は，生徒の喫煙と成績の低下の相関関係を調査したのであって，両者の因果関係を調査したわけではないのである．したがって，以下のような推論も成り立つのである．

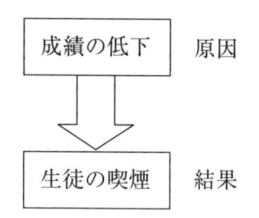

```
┌──────────┐
│ 成績の低下 │   原因
└─────┬────┘
      ↓
┌──────────┐
│ 生徒の喫煙 │   結果
└──────────┘
```

すなわち，成績の低下が原因で，生徒の喫煙が結果なのかもしれないのである．

あるいは，ある第3の要因が原因で，成績の低下と生徒の喫煙が同時に発生したのかもしれない．すなわち，以下のような推論も成り立つのである．

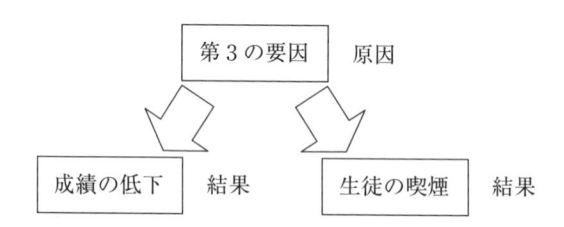

```
           ┌──────────┐
           │ 第3の要因 │   原因
           └─┬──────┬─┘
            ↙        ↘
┌──────────┐        ┌──────────┐
│ 成績の低下 │ 結果   │ 生徒の喫煙 │ 結果
└──────────┘        └──────────┘
```

以上により，以下の結論を得ることができる．すなわち，

原因と結果の関係は因果関係にあり，相関関係ではない

ことを明確に認識しなければならないのである．

2.5　戦術の選定

戦術は，戦略に従属することを念頭に置き，戦略から見た戦術の分析をしなければならない．戦術のみの分析で戦術を実行すれば，目的である戦略を見失

い，結果的に大失敗を犯すことになる．その意味で，戦術の選定は，戦略(目的)を達成するためにどのような戦術が最適かを分析した結果を十分吟味しなければならないのである．このことを簡単な例で説明する．

東京の人が大阪へ行って仕事を済ますことを戦略(目的)と定めるなら，飛行機で行くか，新幹線で行くか，車で行くかという，交通手段が戦術となる．

そこで，戦略から見た各戦術(交通手段)を評価する基準(評価基準)を決めて評価する．その結果，新幹線が最も高い評価を得れば，交通手段として新幹線を選択することになる．

このとき，新幹線を使うために東京駅へ行き，たまたま仙台行きの東北新幹線の車両が気に入ったために，この車両に乗ったりすると，大阪へ行って仕事を済ますという戦略(目的)は達成されない．これが，戦略と戦術を混同する典型的な例である．誤った戦略(目的)を達成するまでの気持ちは最高であるかもしれないが，方向が間違っているので，取り返しのつかない結果を招くことになる．

ただし，前述した例においては，東京駅で仙台行きの新幹線に乗るような愚挙は，まず起こらないであろう．しかし，この例は戦略と戦術をわかりやすく説明するためのもので，実際には何が戦略で何が戦術か区別がつかないことが多い．したがって，戦略とは何かを直視し，戦略立案に重点を置く必要がある．

2.6 戦術の実行

戦術は，実行することで初めてその任務を果たすことになる．また，戦術を実行するために手段があり，戦術を否定すると戦略は消える．第二次世界大戦における大日本帝国の最大の失敗は，真珠湾攻撃の詰めの甘さである．初動攻撃があまりにもうまくいきすぎ，勝った勝ったと提灯行列を繰り広げる日本人のメンタリティーこそ非戦略的行動なのである．この戦争の目的は，ABCDラインを取り除き，石油を確保することにあり，米国の要求(ハルノート)を退けることにある．単なる戦闘行為の初動の勝敗に一喜一憂してはならないので

第2章 戦略的意思決定を構成する7つのステップ

ある．それでは，日米における第二次世界大戦の総括とハワイ真珠湾攻撃の失敗を「戦術の実行」の例として以下に述べることにする．

ところで，当時の日本のごく普通の人々は，「日本が米国と戦争して勝てるとは誰も思っていなかった」のである．しかし，これはほんとうだろうか？その答えは，「NO」である．

兵と武器の優秀さにおいて，また物量（戦争に必要な意味での物量であるが）においてわが日本国は，はるかに敵（米国）を凌駕（りょうが）していたのである．現に，真珠湾攻撃において，米国太平洋艦隊を破壊することが可能だったのである．しかし，初動攻撃があまりにも成功しすぎたため，深追いすることを躊躇させたのである．

深追いすべき戦闘において深追いしなかったことが間違いだったのである（もちろん深追いすべきでない戦闘の例もたくさんあるが，この場合は深追いすべきだった）．なぜなら，戦争において，短期決戦に出て成功した例は聞いても，長期戦に持ち込んで成功した例はないからである．すなわち，長期戦が国家に利益をもたらしたことはないのである．それが証拠に，明治の指導者は日露戦争を早期終結させて成功を収めたが，昭和の指導者は第二次世界大戦の初動期で「勝った，勝った」と浮かれて，長期戦に持ち込んで大失敗しているのである．孫子がいうように，戦争は政治目的を達成するための手段にすぎないのである．そしてそこから得られる結論は，「戦わないで勝つことがベスト」なのである．このような大局的戦略的発想が必要なのである．すなわち，連戦連勝など愚の骨頂であり，単なる戦闘技術の発揮のみに全力を傾けるなどナンセンス以外の何ものでもないのである．すでに連戦すること自体戦略なき戦いであり，死活の決戦以外の戦いをいかに回避するかが戦略家の目指すべき方向なのである．

そして，死活の決戦にもてるカードをすべて出し切り，意志の集中，力の集中を計るのである．太平洋戦争における死活の決戦は真珠湾攻撃であり，この攻撃に日本のすべてのカードを出し切り，力の集中を図らなければならなかったのである．そのためには，初動攻撃だけでなく，第3次攻撃でハワイの石油タンクを激爆しておく必要があった．そして，さらに，エンタープライズやレ

キシントンといった航空母艦(空母)を撃破すべきだったのである．初動攻撃で日本の機動隊の実力が予想以上に絶大であることが証明されたのだから！

このような第3次攻撃が実行されていれば，この時点で第二次世界大戦は終結できたのである．

2.7 成功か失敗の判断

戦術によって戦略は変更できないのであり，戦術に失敗や成功の概念はないのである．すなわち，「戦略が達成されれば成功であり，それ以外は失敗である」というのが唯一の解答である．そして，その戦略(目的)を達成するために戦術が存在し，戦術の実行が必要なのである．したがって，成功も失敗もない状態が最悪のシナリオといえる．成功の法則こそまさにその点にある．また，これまで説明してきた戦略的意思決定の7つのステップそのものが「成功の秘訣」なのである．

第❸章
戦略的意思決定を支える
３つの道具

　本章では，戦略的意思決定を支える3つの道具，支配型 AHP，一斉法，超一対比較行列について，その概要について述べる．

3.1 支配型 AHP

　本節では，木下・中西が提案した「支配型 AHP」（支配代替案法と支配評価水準法）について説明する．支配型 AHP は評価のベンチマークとなる支配代替案を基準にして，複数の代替案の評価をし，優先順位付けする手法である．

(1) 支配代替案法（AHP における新しい考え方）

　従来型 AHP では，各評価基準の重要度は総合目的からトップダウン的に一意に決定した．しかし，意思決定のパターンの中には，総合目的から各評価基準の重みを決定するのではなく，特定の代替案を念頭に置いて，それを評価しやすいように評価基準の重みを決めていくアプローチも存在すると考えられる．そのような評価基準の重みを規制する機能をもつ代替案を，ここでは「規制代替案」と呼ぶことにする．

　ところで，評価基準の重みの分布は，規制代替案の数だけ存在することになるが，それは評価基準の重み決定に関して規制代替案間の争いを予想させるものである．しかし，われわれは常にそのようなものとして評価基準の重みを煮詰めるプロセスをとっているわけではない．意思決定は，リスクが少なければ，多少の誤差を許容してでもできるだけ少ないコストで済ませようとするはずである．

ここでは，そのような要望に応える有力な方法として，次のようなアプローチを考察することにする．

つまり，評価の根拠として決めた規制代替案による評価基準の重みの考え方に支障がなければ，そのまま最後までその方針で評価してしまうアプローチである．すなわち，各評価基準の重みは，それぞれの規制代替案によって異なる分布となる．しかし，その分布は，意思決定者の恣意によって選ばれた規制代替案によって一意に決定されるものとする．つまり，評価の根拠として決めた規制代替案以外の規制代替案に関する各評価基準の重みは，根拠となる規制代替案に関する各評価基準の評価に〈完全に服従〉するものとする．

ここでは，このような支配力をもつ規制代替案を「支配代替案」，また支配代替案に服従する規制代替案を「服従代替案」と呼ぶことにする．つまり，服従代替案の評価基準の重みは，支配代替案の各評価基準の重みから自動的に導出される．そして，このモデルでは支配代替案は，各評価基準の重み分布のみならず，それぞれの重み分布から導かれる総合評価値までを支配する．

つまり，どの代替案が「支配代替案」になろうとも，同一の代替案の総合評価値は同じになる．以下，この手法を「支配代替案法」[1]と呼ぶことにする．

(2) 支配代替案法による計算例

ここでは，支配代替案法を数値例により説明する．

ステップ1：階層図の作成

階層構造は，2つの評価基準(Ⅰ，Ⅱ)と3つの代替案(1, 2, 3)からなるとする(図3.1)．

ステップ2：評価基準の重みの導出

評価基準(Ⅰ，Ⅱ)間の一対比較を，支配代替案(代替案1)について行う．その結果，代替案1から見たⅠの重み(これからは，この重みをⅠ(1)と書く)は0.4，代替案1から見たⅡの重み(これからは，この重みをⅡ(1)と書く)は0.6になったとする(一対比較値は表3.1)．

3.1 支配型 AHP

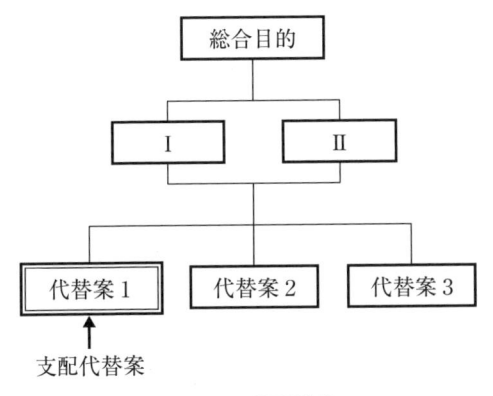

図 3.1 階層構造

表 3.1 支配代替案 1 に関する評価基準 I,Ⅱ の一対比較

	I	Ⅱ	重み
I	1	$\dfrac{2}{3}$	0.4
Ⅱ	$\dfrac{3}{2}$	1	0.6

すなわち，支配代替案 1 が規制する評価基準 I,Ⅱ の重みは 0.4 対 0.6 という意味である．

ステップ 3：代替案の評価値の導出

評価基準(I,Ⅱ)に対する各代替案(1, 2, 3)の評価を一対比較する．ただし，評価結果は，支配代替案(この場合は 1)を 1 に規準化する．すなわち，評価基準 I から見た 2 の評価は 1 の約 2 倍であり，3 の評価は 1 の約 3 倍である(表 3.2 参照)．

一方，評価基準 Ⅱ から見た 2 の評価は 1 の約 0.5 倍であり，3 の評価は 1 の約 0.17 倍である(表 3.2 参照)．この結果，各代替案(1, 2, 3)の総合評価値が求まる(表 3.2 参照)．ただし，支配代替案 1 の総合評価値は 1 である．

第3章 戦略的意思決定を支える3つの道具

表3.2 評価表(1)

支配代替案	1	I (0.4)	II (0.6)	E 総合評価値
評価	1	1	1	1
	2	2	0.5	1.1
	3	3	0.17	1.3

すなわち，1の総合評価値1(E)は，

$1(E) = 1 \times 0.4 + 1 \times 0.6 = 1$

2の総合評価値2(E)は，

$2(E) = 1 \times 0.4 + 0.5 \times 0.6 = 1.1$

3の総合評価値3(E)は，

$3(E) = 3 \times 0.4 + 0.17 \times 0.6 = 1.3$

となる．

ステップ4：総合評価値の導出

次に，支配代替案に関する情報をもとに，服従代替案2が規制する評価基準I，IIの重みを求める．このとき，ステップ2より支配代替案1に関する評価基準I，IIの重みは既知である．

$$\frac{II(1)}{I(1)} = \frac{0.6}{0.4} \tag{3.1}$$

ここで，支配代替案1と服従代替案2がそれぞれ規制する評価基準(I，II)の重みの比は，評価基準(I，II)から見た支配代替案1と服従代替案2の評価値の比と同じであるとする．すなわち，以下の式(3.2)，式(3.3)は既知である．

$$\frac{2(I)}{1(I)} = \frac{2}{1} = \alpha \tag{3.2}$$

$$\frac{2(II)}{1(II)} = \frac{0.5}{1} = \beta \tag{3.3}$$

ただし，1(I)，2(I)は評価基準Iから見た代替案1, 2の評価値で，1(II)，

3.1 支配型 AHP

2(Ⅱ)は評価基準Ⅱから見た代替案1，2の評価値である．

すると，式(3.2)，式(3.3)より服従代替案2に関する評価基準(Ⅰ，Ⅱ)の重みの比は，以下の式(3.4)のように導かれる．

$$\frac{Ⅱ(2)}{Ⅰ(2)} = \frac{\beta \times Ⅱ(1)}{\alpha \times Ⅰ(1)} = \frac{0.5 \times 0.6}{2 \times 0.4} = \frac{0.3}{0.8} = \frac{0.273}{0.727} \tag{3.4}$$

このようにして，服従代替案2に関する評価基準(Ⅰ，Ⅱ)の重みが決定する．

この結果から，Ⅰ(2)は0.727，Ⅱ(2)は0.273となる．また，表3.2のデータより，代替案(1, 2, 3)の総合評価値を服従代替案2の規制に基づく評価基準の重みにより求めると，表3.3のようになる．

すなわち，1の総合評価値1(E)は

    1(E) = 0.5 × 0.727 + 2 × 0.273 = 0.909

2の総合評価値2(E)は，

    2(E) = 1 × 0.727 + 1 × 0.273 = 1.0

3の総合評価値3(E)は，

    3(E) = 1.5 × 0.727 + 0.34 × 0.273 = 1.183

となる．

表3.3 評価表(2)

服従代替案	2	Ⅰ 0.727	Ⅱ 0.273	E 総合評価値
評価	1	0.5	2	0.909
	2	1	1	1
	3	1.5	0.34	1.183

ステップ5：服従代替案の評価値の導出

次に，服従代替案3の規制に基づく評価基準Ⅰ，Ⅱの重みⅠ(3)，Ⅱ(3)を，ステップ4と同様の方法で求める．この結果，Ⅰ(3)は0.922，Ⅱ(3)は0.078となる．そして，この結果より，ステップ4と同様の方法で服従代替案3に関

第3章 戦略的意思決定を支える3つの道具

する各代替案の総合評価値を求める(表3.4参照).

すなわち，1の総合評価値1(E)は，

$$1(E) = 0.333 \times 0.922 + 5.88 \times 0.078 = 0.766$$

2の総合評価値2(E)は，

$$2(E) = 0.667 \times 0.922 + 2.94 \times 0.078 = 0.844$$

3の総合評価値3(E)は，

$$3(E) = 1 \times 0.922 + 1 \times 0.078 = 1$$

となる．

ここで，表3.2～表3.4の総合評価値を正規化すると，いずれも1(0.294)，2(0.324)，3(0.382)となり，どの服従代替案の規制による評価基準の重みを適用しても，総合評価値は支配代替案による総合評価値と同じであることがわかる．

このような状態を「支配代替案間の互換性」と呼ぶことにする．支配代替案間の互換性が成立するときは，理想的な評価品質の状態にあるといえる．

しかし，現実に互換性が保たれることは希で，多少の評価のずれ(ギャップ)が生じることが多い．そこで，このような評価のずれを調整する方法を，木下・中西は「一斉法」として提案した(3.3節参照). この方法については，Saatyが提案したスーパーマトリックスとよく似た役割を果たすことが想定される．

表3.4　評価表(3)

服従代替案	3	I 0.922	II 0.078	E 総合評価値
評価	1	0.333	5.88	0.766
	2	0.667	2.94	0.894
	3	1	1	1

(3) 支配評価水準法 [2]
1) 相対評価法と絶対評価法

AHPには，序章で紹介したように，相対評価法と絶対評価法の2つの手法がある．相対評価法は，評価基準のそれぞれに対する代替案間の一対比較結果をもとに総合評価を行う．絶対評価法は，評価基準のそれぞれに対する各代替案の絶対評価値をもとに総合評価を行う．前者は代替案間の直接的な比較が有効な場合に適用され，後者は評価尺度を媒介しての代替案間の間接的な比較が有効な場合に適用される．木下・中西は，相対評価法における支配型AHP（支配代替案法）を提案した（前述）．そこで，続いて絶対評価法においても同じモデルが適用可能であることを明らかにする．本節で説明する絶対評価法における支配型AHPを，支配評価水準法と呼ぶことにする．

AHPの進化を，手法の拡張（絶対評価法としての拡張）と視点（考え方）の進化（支配型AHPとしての進化）から捉えると，表3.5に示すようになる．

表3.5 AHPの拡張と進化

手法＼視点	従来の視点	支配的視点
相対評価法	従来型相対評価法	支配代替案法
絶対評価法	従来型絶対評価法	支配評価水準法

（視点の進化→，手法の拡張↓）

2) 支配評価水準法による計算

ここでは，支配評価水準法（絶対評価法における支配型AHP）による計算を「プロジェクト評価」の例により説明する．

ところで，支配代替案法（相対評価法における支配型AHP）の考え方は前述した．ただし，絶対評価法では，代替案評価に関する評価水準間にも相対評価法における支配代替案と同様の支配関係が存在することを明らかにする．

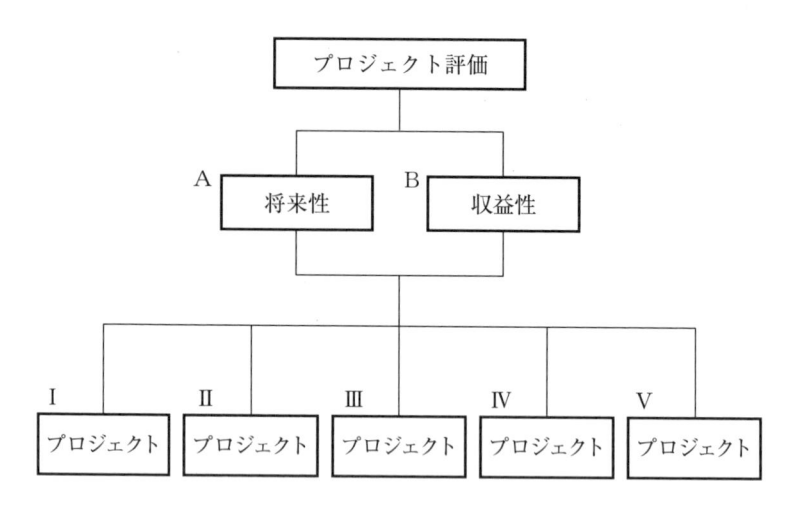

第3章　戦略的意思決定を支える3つの道具

図3.2　階層構造の例（支配評価水準法）

ステップ1：階層図の作成

階層構造は，2つの評価基準（A，B），5つの代替案（代替案Ⅰ，Ⅱ，Ⅲ，Ⅳ，Ⅴ）からなるとする（図3.2参照）．

ステップ2：評価水準の設定

評価基準Aの評価水準は，G（よい），M（普通），P（悪い）とする．そこで，これら3つの評価水準間の一対比較を行う．その結果は，**表3.6(1)**に示すとおりである．一方，評価基準Bの評価水準を，G（よい），M（普通），P（悪い）とし，評価水準間の一対比較を**表3.6(2)**に示す．

ステップ3：評価基準の重みの導出

評価基準（A，B）間の重みの一対比較を，評価者の恣意により選ばれた支配代替案について行う．この場合の支配代替案は，評価基準Aに関する評価が評価水準G（よい）で，評価基準Bに関する評価も評価水準G（よい）であるような代替案を考える．このような仮想的な代替案は実際に存在してもしなくてもかまわない．

38

表3.6　評価基準間の一対比較

(1) 評価基準Aに関する評価水準間の一対比較

評価基準A	G	M	P	重み	規準化
G	1	4	7	0.687	1.0
M	$\frac{1}{4}$	1	5	0.244	0.355
P	$\frac{1}{7}$	$\frac{1}{5}$	1	0.069	0.100

C.I. = 0.062

(2) 評価基準Bに関する評価水準間の一対比較

評価基準B	G	M	P	重み	規準化
G	1	3	5	0.637	1.0
M	$\frac{1}{3}$	1	3	0.258	0.405
P	$\frac{1}{5}$	$\frac{1}{3}$	1	0.105	0.165

C.I. = 0.019

表3.7　支配評価水準に関する一対比較

	A	B	重み
A	1	$\frac{3}{2}$	0.6
B	$\frac{2}{3}$	1	0.4

さて，このような支配代替案が規制する評価基準A，Bの一対比較は，表3.7に示すようになり，重みは0.6対0.4になった．

ステップ4：代替案の評価値の導出

評価基準(A，B)に対する各代替案(Ⅰ，Ⅱ，Ⅲ，Ⅳ，Ⅴ)の評価を，絶対評価法で行う．この場合，支配代替案は評価基準A，Bとも評価水準G(よい)で

第3章　戦略的意思決定を支える3つの道具

ある．したがって，表3.6の重みを規準化して，評価基準A，BともG評価水準Gが1.0になるように変換する．

ここの代替案の評価は，このような仮想的な支配代替案を念頭に置いて，それとの比較で実施しているものと考えられる．

その結果，支配評価水準（A，BともGである）に関する各代替案の総合評価値は，評価基準の重みにより計算され，表3.8のようになる．

表 3.8　評価水準間 (G, G) から見た総合評価

支配評価水準	(G, G)	A (0.6)	B (0.4)	E 総合評価値
評価	I	G 1.0	P 0.165	0.666
	II	M 0.355	P 0.165	0.279
	III	P 0.1	P 0.165	0.126
	IV	P 0.1	G 1.0	0.46
	V	M 0.355	G 1.0	0.613

ステップ5：総合評価値の導出

次に，支配評価水準の結果をもとに，それ以外の評価水準（服従評価水準）に関する評価基準の重みと総合評価値を求める．ここで，評価基準A，Bとも評価水準がP（悪い）になる仮想代替案が比較基準として念頭に置かれている．求め方は前述した支配代替法の場合と同じである．

ただし，ここでは，支配評価水準と服従評価水準がそれぞれ規制する評価基準（A，B）の重みの比は，評価基準（A，B）から見た支配評価水準と服従評価水準の評価値の比と同じである．

すなわち，ステップ3より，

$$\frac{G(A)}{G(B)} = \frac{0.6}{0.4} \tag{3.5}$$

は既知である．

また，ステップ4より，以下の式(3.6)，式(3.8)は既知であり，式(3.7)，式(3.9)が導出される．

3.1 支配型 AHP

$$\frac{P(A)}{G(A)} = \frac{0.1}{1.0} \tag{3.6}$$

$$\therefore P(A) = 0.1 \times G(A) \tag{3.7}$$

$$\frac{P(B)}{G(B)} = \frac{0.165}{1.0} \tag{3.8}$$

$$\therefore G(B) = 0.165 \times G(B) \tag{3.9}$$

したがって，式(3.5)，式(3.7)，式(3.9)より，式(3.10)が導出される．

$$\frac{P(A)}{P(B)} = \frac{0.1 \times 0.6}{0.165 \times 0.4} = 0.909 = \frac{0.476}{0.524} \tag{3.10}$$

このようにして，服従評価水準に関する評価基準(A，B)の重み(0.476 対 0.524)が決定する．また，服従評価水準(評価基準 A，B とも評価水準は P である)を仮想代替案とするため，表 3.6 の重みを評価水準 P を 1.0 に規準化する(表 3.9 参照)．

この結果，表 3.8 のデータより，代替案(Ⅰ，Ⅱ，Ⅲ，Ⅳ，Ⅴ)の総合評価値を，服従評価水準(P，P)の規制に基づく評価基準の重みにより求めると，表 3.10 のようになる．ところで，この場合，服従評価水準(P，P)と同じ評価を

表 3.9 評価水準(P，P)を基準にした評価水準の重み

評価水準 A

	重み	規準化
G	0.687	9.957
M	0.244	3.536
P	0.069	1.0

評価水準 B

	重み	規準化
G	0.637	6.607
M	0.258	2.457
P	0.105	1.0

第3章 戦略的意思決定を支える3つの道具

表3.10 評価水準(P，P)から見た総合評価

服従代替案	(P，P)	A (0.476)	B (0.524)	E 総合評価値
評価	I	G 9.957	P 1.0	5.264
	II	M 3.536	P 1.0	2.207
	III	P 1.0	P 1.0	1.0
	IV	P 1.0	G 6.067	3.655
	V	M 3.536	G 6.067	4.862

有する代替案IIIは，総合評価値が1.0となる．

ステップ6：服従代替案の評価値の導出

次に，服従評価水準(M，M)の規制に基づく評価基準A，Bの重みを，ステップ5と同様の方法で求める．

評価基準A，Bの重みは，0.568対0.432となる．そして，この結果より，ステップ5と同様の方法で，服従評価水準(M，M)の規制に基づく評価基準の重みにより，各代替案の総合評価値を計算すると，表3.11のようになる．

ただし，服従評価水準(M，M)を仮想代替案とするため，表3.6の重みを評価水準Mを1.0に規準化する(表3.11参照)．

表3.11 評価水準(M，M)から見た総合評価

服従評価基準	(M，M)	A (0.568)	B (0.432)	E 総合評価値
評価	I	G 2.816	P 0.407	1.775
	II	M 1.0	P 0.407	0.744
	III	P 0.283	P 0.407	0.337
	IV	P 0.283	G 2.469	1.227
	V	M 1.0	G 2.469	1.635

3.2 支配型 AHP の数学的構造

表 3.12 評価水準(M, M)を基準にした評価水準の重み

評価水準 A

	重み	規準化
G	0.687	2.816
M	0.244	1.0
P	0.069	0.283

評価水準 B

	重み	規準化
G	0.637	2.469
M	0.258	1.0
P	0.105	0.407

ここで，表 3.8，表 3.10，表 3.12 の総合評価値を正規化すると，いずれも代替案 I (0.310)，II (0.130)，III (0.059)，IV (0.215)，V (0.286) となり，どの服従評価水準の規制による評価基準の重みを適用しても，総合評価値は支配評価水準による総合評価値と同じであることがわかる．

3.2 支配型 AHP の数学的構造

本節では，支配型 AHP の数学的構造を評価基準が 2 つ (I, II)，代替案が 3 つ (1, 2, 3)，支配代替案 1 の場合で説明する．まず，支配代替案 1 から見た評価基準の重みベクトル $\mathbf{b}^1$ を，

$$\mathbf{b}^1 = \begin{bmatrix} b_{\mathrm{I}} \\ b_{\mathrm{II}} \end{bmatrix}$$

として，評価マトリックス A を，

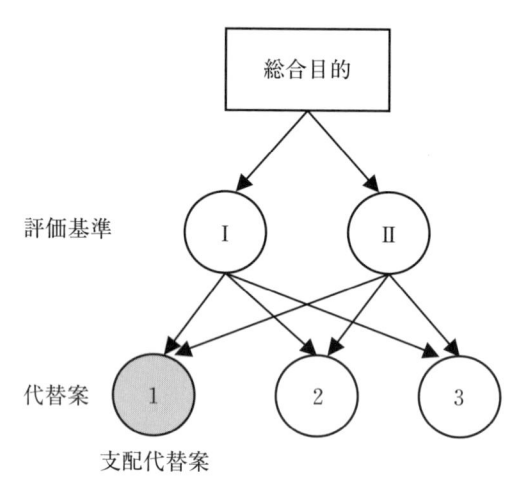

第3章 戦略的意思決定を支える3つの道具

図 3.3 階層構造の例（支配型 AHP）

$$
A = \begin{array}{c} \\ 代替案1 \\ 代替案2 \\ 代替案3 \end{array} \begin{bmatrix} 評価基準\mathrm{I} & 評価基準\mathrm{II} \\ a_{1\mathrm{I}} & a_{1\mathrm{II}} \\ a_{2\mathrm{I}} & a_{2\mathrm{II}} \\ a_{3\mathrm{I}} & a_{3\mathrm{II}} \end{bmatrix}
$$

とする（図 3.3 参照）.

このとき，総合評価値ベクトル E の導出は次のようになる.

$$
E = \begin{bmatrix} 代替案1の総合評価値 \\ 代替案2の総合評価値 \\ 代替案3の総合評価値 \end{bmatrix} \equiv A b^1
$$

すなわち，ベクトル E は評価マトリックス A と重みベクトル b^1 にのみ依存する.

また，ベクトル E は次のように表現できる.

$$E \equiv Ab^1 = AA_1^{-1}A_1A_1^{-1}b^1$$

ただし，A_1 とは，支配代替案1の評価値（$a_{1\mathrm{I}}$, $a_{1\mathrm{II}}$）を対角要素に有するマトリックスとする．すなわち，

3.2 支配型 AHP の数学的構造

$$A_1 \equiv \begin{bmatrix} a_{1\mathrm{I}} & 0 \\ 0 & a_{1\mathrm{II}} \end{bmatrix} = \begin{bmatrix} 1 & 0 \\ 0 & 1 \end{bmatrix}$$

となり，単位行列となる．また，

$$A_1^{-1} = \begin{bmatrix} 1 & 0 \\ 0 & 1 \end{bmatrix} \text{も単位行列である．}$$

次に，支配代替案以外のすべての代替案から見た評価基準の重みベクトルを評価マトリックスの推定ルールから説明する．このとき，A_i は，

$$A_i \equiv \begin{bmatrix} a_{1\mathrm{I}} & 0 \\ 0 & a_{1\mathrm{II}} \end{bmatrix} \qquad i = 1, 2, 3$$

とする．ところで，支配型 AHP に関するルールは次の2つである．

[ルール1] $A_1 A_1^{-1} \mathbf{b}^1$：代替案 $i (i \neq 1)$ から見た評価基準の重みベクトルの推定原理

[ルール2] AA_1^{-1}：代替案 i から見た評価マトリックスの推定原理

まず，ルール1の推定原理は次のように表現できる．

---

b_j^i（代替案 i から見た評価基準 j の重み）と b_j（支配代替案1から見た評価基準 j の重み）の比は，a_{ij}（評価基準 j から見た代替案 i の評価値）と a_{1j}（代替案 j から見た支配代替案1の評価値）の比に一致する．

上記の内容を式で証明すると（$i = 3$ の場合），次のように表せる．

$$\mathbf{b}^3 = \begin{bmatrix} b_{\mathrm{I}}^3 \\ b_{\mathrm{II}}^3 \end{bmatrix} = \begin{bmatrix} a_{3\mathrm{I}} & 0 \\ 0 & a_{3\mathrm{II}} \end{bmatrix} \begin{bmatrix} \dfrac{1}{a_{1\mathrm{I}}} & 0 \\ 0 & \dfrac{1}{a_{1\mathrm{II}}} \end{bmatrix} \begin{bmatrix} b_{\mathrm{I}} \\ b_{\mathrm{II}} \end{bmatrix} = A_3 A_1^{-1} \mathbf{b}^1$$

これは，以下の比例式から導かれる（図 3.4）．

第 3 章　戦略的意思決定を支える 3 つの道具

$$\frac{b_\mathrm{I}^{\,3}}{b_\mathrm{I}} = \frac{a_{3\mathrm{I}}}{a_{1\mathrm{I}}}, \quad \frac{b_\mathrm{II}^{\,3}}{b_\mathrm{II}} = \frac{a_{3\mathrm{II}}}{a_{1\mathrm{II}}}$$

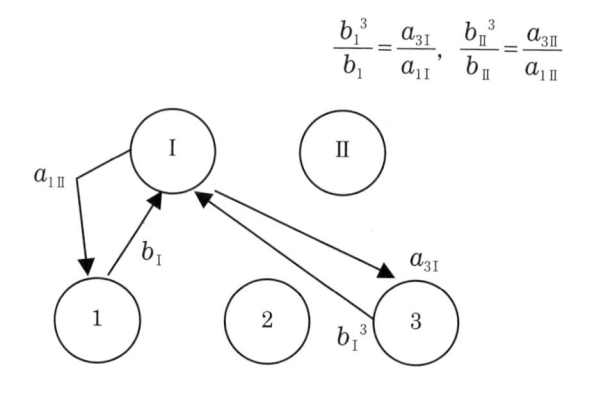

$$\frac{b_\mathrm{I}}{a_{1\mathrm{II}}} = \frac{b_\mathrm{I}^{\,3}}{a_{3\mathrm{I}}}$$

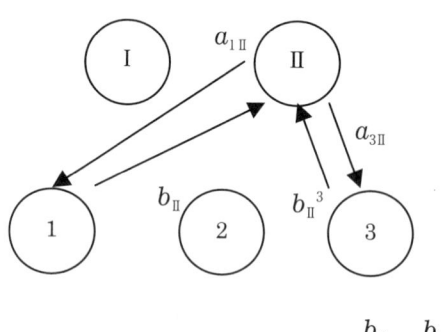

$$\frac{b_\mathrm{II}}{a_{1\mathrm{II}}} = \frac{b_\mathrm{II}^{\,3}}{a_{3\mathrm{II}}}$$

図 3.4　ルール 1 の推定原理

例えば，3.1 節の例で計算すると，

$$\mathbf{b}^3 = \begin{bmatrix} b_\mathrm{I}^{\,3} \\ b_\mathrm{II}^{\,3} \end{bmatrix} = \begin{bmatrix} 3 & 0 \\ 0 & \dfrac{1}{6} \end{bmatrix} \begin{bmatrix} 1 & 0 \\ 0 & 1 \end{bmatrix} \begin{bmatrix} 0.4 \\ 0.6 \end{bmatrix} = \begin{bmatrix} 1.2 \\ 0.1 \end{bmatrix} = \begin{bmatrix} 0.923 \\ 0.077 \end{bmatrix}$$

となる．

次に，ルール 2 の推定原理は次のように表現できる．

3.2 支配型 AHP の数学的構造

> すべての評価基準 j に対して，代替案 k に対する代替案 i の相対評価は次のように示すことができる．
>
> $$\frac{代替案\,i\,の評価値}{代替案\,k\,の評価値} = \frac{代替案\,i\,の評価値}{代替案\,1\,の評価値} \times \frac{代替案\,1\,の評価値}{代替案\,k\,の評価値} = a_{ij} \times \frac{1}{a_{kj}}$$

例えば，代替案3から見た評価マトリックスは，

$$A^3 = \begin{bmatrix} \dfrac{a_{1\mathrm{I}}}{a_{3\mathrm{I}}} & \dfrac{a_{1\mathrm{II}}}{a_{3\mathrm{II}}} \\ \dfrac{a_{2\mathrm{I}}}{a_{3\mathrm{I}}} & \dfrac{a_{2\mathrm{II}}}{a_{3\mathrm{II}}} \\ \dfrac{a_{3\mathrm{I}}}{a_{3\mathrm{I}}} & \dfrac{a_{3\mathrm{II}}}{a_{3\mathrm{II}}} \end{bmatrix} = \begin{bmatrix} a_{1\mathrm{I}} & a_{1\mathrm{II}} \\ a_{2\mathrm{I}} & a_{2\mathrm{II}} \\ a_{3\mathrm{I}} & a_{3\mathrm{II}} \end{bmatrix} \begin{bmatrix} a_{3\mathrm{I}} & 0 \\ 0 & a_{3\mathrm{II}} \end{bmatrix} A$$

$$= AA_3^{-1}$$

となる．例えば，3.1 節の例で計算すると，

$$A^3 = \begin{bmatrix} 1 & 1 \\ 2 & \dfrac{1}{2} \\ 3 & \dfrac{1}{6} \end{bmatrix} \begin{bmatrix} \dfrac{1}{3} & 0 \\ 0 & 6 \end{bmatrix} = \begin{bmatrix} \dfrac{1}{3} & 6 \\ \dfrac{2}{3} & 3 \\ 1 & 1 \end{bmatrix}$$

となる．

最後に，代替案 $i(i \neq 1)$ から見た総合評価値ベクトルは，

$$AA_i^{-1}\mathbf{b}_i = (AA_i^{-1})(A_iA_1^{-1}\mathbf{b}^1)$$
$$\qquad\qquad ルール2 \quad\; ルール1$$

となる．このことより，次の定理1を導くことができる．

[定理1]

ルール1，2のもとでは，支配代替案から見た総合評価値ベクトルは，他の代替案から見た総合評価値ベクトルと一致する．

第3章　戦略的意思決定を支える3つの道具

代替案1が支配代替案のときは，
$$Ab^1 = AA_1^{-1}b^1 = AA_i^{-1}A_iA_1^{-1}b^1$$
$$= (AA_i^{-1})(A_iA_1^{-1}b^1)$$
$$\text{ルール2}\quad\text{ルール1}$$

となる．

3.3 一斉法の数学的構造 [3]

支配型AHPにおいて，複数の支配代替案が存在する場合を考える．例えば，前述の例において，代替案1と代替案2が支配代替案と仮定する．このとき，代替案1から見た重みベクトル b^1，代替案2から見た重みベクトル b^2，さらに評価マトリックスAが与えられる．すなわち，入力データは，図3.5に示すようになる．

$$A = \begin{bmatrix} a_{1\mathrm{I}} & a_{1\mathrm{II}} \\ a_{2\mathrm{I}} & a_{2\mathrm{II}} \\ a_{3\mathrm{I}} & a_{3\mathrm{II}} \end{bmatrix}$$

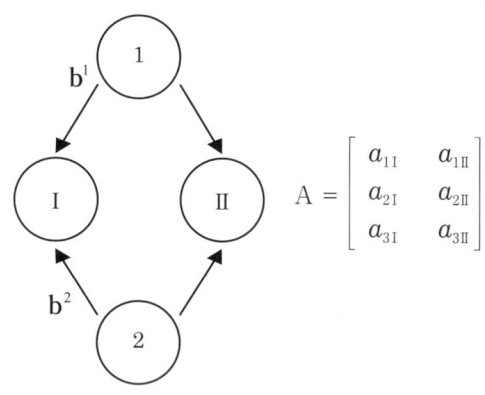

図3.5　一斉法の構造

このとき，支配代替案1から支配代替案2への推定は，ルール1，ルール2より，次のようになる．

重みベクトルの推定：ルール1により，
$$b^1 \longrightarrow A_2A_1^{-1}b^1$$

となる．

評価マトリックスの推定：ルール2により，

$$AA_1^{-1} \longrightarrow AA_2^{-1}$$

となる.

一方,支配代替案2から支配代替案1への推定も,同様にして求めることができる.

重みベクトルの推定:ルール1により,

$$\mathbf{b}^2 \longrightarrow A_1 A_2^{-1} \mathbf{b}^2$$

となる.

評価マトリックスの推定:ルール2により,

$$AA_2^{-1} \longrightarrow AA_1^{-1}$$

となる.

ここで,重みベクトル $\mathbf{b}^1$ と重みベクトルの推定値 $A_1 A_2^{-1} \mathbf{b}^2$ に「ギャップ」が生じる場合を考える.重みベクトル $\mathbf{b}^2$ と重みベクトルの推定値 $A_2 A_1^{-1} \mathbf{b}^1$ との「ギャップ」も同様である.このような「ギャップ」が生じない場合は,3.1節でも述べたが,「支配代替案間の互換性」と呼んでいる.しかし,現実には互換性が保たれることは稀で,「ギャップ」が生じることが多い.そこで,このような「ギャップ」を調整する方法を,木下・中西は「一斉法」として提案している.

次に,「一斉法」について,すべての代替案が支配代替案の場合(前述した例では,代替案の数は3つ)を例として説明する.

まず,支配代替案1から見た重みベクトルの調整値 $\mathbf{b}^1$ は,オリジナルデータ b^{11},支配代替案2からの推定値 b^{12},支配代替案3からの推定値 b^{13} の平均値とする.すなわち,

$$\mathbf{b}^1 = \frac{1}{3}(b^{11} + b^{12} + b^{13}) = \frac{1}{3}\left(\frac{A_1 A_1^{-1} \mathbf{b}^1}{e^T A_1 A_1^{-1} \mathbf{b}^1} + \frac{A_1 A_2^{-1} \mathbf{b}^2}{e^T A_1 A_2^{-1} \mathbf{b}^2} + \frac{A_1 A_3^{-1} \mathbf{b}^3}{e^T A_1 A_3^{-1} \mathbf{b}^3} \right)$$

となる.同様にして,支配代替案2, 3から見た重みベクトル調整値 $\mathbf{b}^2$,$\mathbf{b}^3$ はそれぞれ次のようになる.

$$\mathbf{b}^2 = \frac{1}{3}(b^{21} + b^{22} + b^{23}) = \frac{1}{3}\left(\frac{A_2 A_1^{-1} \mathbf{b}^1}{e^T A_2 A_1^{-1} \mathbf{b}^1} + \frac{A_2 A_2^{-1} \mathbf{b}^2}{e^T A_2 A_2^{-1} \mathbf{b}^2} + \frac{A_2 A_3^{-1} \mathbf{b}^3}{e^T A_2 A_3^{-1} \mathbf{b}^3} \right)$$

第3章 戦略的意思決定を支える3つの道具

$$b^3 = \frac{1}{3}(b^{31} + b^{32} + b^{33}) = \frac{1}{3}\left(\frac{A_3 A_1^{-1} b^1}{e^T A_3 A_1^{-1} b^1} + \frac{A_3 A_2^{-1} b^2}{e^T A_3 A_2^{-1} b^2} + \frac{A_3 A_3^{-1} b^3}{e^T A_3 A_3^{-1} b^3} \right)$$

そして，新しい重みベクトル b^i と古い重みベクトル $b^i (i = 1, 2, 3)$ との間に「ずれ(ギャップ)」がなくなるまで，この手順を繰り返すことにする．なお，この手順により，重みベクトル b^i が収束を有することは，参考文献 [4] に詳述している．

また，「一斉法」の例として，

$$b^{11} = \begin{bmatrix} 0.4 \\ 0.6 \end{bmatrix} \quad b^{12} = \begin{bmatrix} 0.7 \\ 0.3 \end{bmatrix} \quad b^{13} = \begin{bmatrix} 0.2 \\ 0.8 \end{bmatrix}$$

の場合を表 3.13 に示す．

表 3.13 「一斉法」の例

1	I	II
1	1	1
2	2	$\frac{1}{2}$
3	3	$\frac{1}{6}$

2	I	II
1	$\frac{1}{2}$	2
2	1	1
3	$\frac{3}{2}$	$\frac{1}{3}$

3	I	II
1	$\frac{1}{3}$	6
2	$\frac{2}{3}$	3
3	1	1

	1 I	1 II	2 I	2 II	3 I	3 II
①	0.4	0.6	0.7	0.3	0.2	0.8
			0.727	0.273	0.923	0.077
	0.363	0.632			0.913	0.087
	0.014	0.986	0.053	0.947		
②	0.261	0.739	0.493	0.507	0.679	0.321
			0.585	0.145	0.864	0.136
	0.196	0.804			0.814	0.136
	0.105	0.895	0.319	0.681		
③	0.187	0.813	0.466	0.534	0.784	0.214
			0.479	0.521	0.806	0.194
	0.179	0.821			0.794	0.194
	0.169	0.831	0.449	0.551		
	0.178	0.822	0.465	0.535	0.796	0.204

この結果，収束値は，

$$\mathbf{b}^1 = \begin{bmatrix} 0.178 \\ 0.822 \end{bmatrix} \quad \mathbf{b}^2 = \begin{bmatrix} 0.465 \\ 0.535 \end{bmatrix} \quad \mathbf{b}^3 = \begin{bmatrix} 0.796 \\ 0.204 \end{bmatrix}$$

となる．

したがって，総合評価値はそれぞれ，

$$\begin{bmatrix} 1 & 1 \\ 2 & \frac{1}{2} \\ 3 & \frac{1}{6} \end{bmatrix} \begin{bmatrix} 0.178 \\ 0.822 \end{bmatrix} = \begin{bmatrix} 1 \\ 0.767 \\ 0.671 \end{bmatrix} \quad \text{(支配代替案1)}$$

$$\begin{bmatrix} \frac{1}{2} & 2 \\ 1 & 1 \\ \frac{3}{2} & \frac{1}{3} \end{bmatrix} \begin{bmatrix} 0.465 \\ 0.535 \end{bmatrix} = \begin{bmatrix} 1.3025 \\ 1 \\ 0.8725 \end{bmatrix} \quad \text{(支配代替案2)}$$

$$\begin{bmatrix} \frac{1}{3} & 6 \\ \frac{2}{3} & 3 \\ 1 & 1 \end{bmatrix} \begin{bmatrix} 0.796 \\ 0.204 \end{bmatrix} = \begin{bmatrix} 1.4893 \\ 1.1427 \\ 1 \end{bmatrix} \quad \text{(支配代替案3)}$$

となる．しかし，上記3つの総合評価値は，正規化すると，すべて

$$\mathbf{E} = \begin{bmatrix} 0.410 \\ 0.314 \\ 0.276 \end{bmatrix}$$

となり，一致する．

なお，これら支配型 AHP と一斉法の理論と応用に関しては，第4章と第5章を参照願いたい．

3.4 超一対比較行列

SaatyによってAHPは，総合目的からトップダウン評価を行うことで，客観的な意思決定を可能にしている．しかし，実際の意思決定においては，特定の代替案(支配代替案)を念頭に置き，それを基準として評価を行うということがしばしば行われる．これをモデル化したのが，木下・中西[1]により提案された支配代替案法である．

支配代替案が複数あり，それぞれの評価基準の重要度が異なる場合には，支配代替案ごとに総合評価が異なりうる(多重代替案法)．そのような場合に対し，それらの重要度を統合する手法として一斉法(木下・中西提案)を提案している[2],[3]．

一方，大屋・木下は，誤差モデルに基づき，幾何平均によりウエイトを統合し総合評価値を得る，幾何平均多重代替案法を提案した．今後，これら複数の支配代替案がある場合の評価方法の総称として，多重支配代替案法と呼ぶことにする．

ところで，支配代替案法，多重支配代替案法の評価過程で表れる一対比較に注目し，それらを1つの一対比較行列として表現する超一対比較行列が大屋・木下により提案された[5]．この超一対比較行列は，支配型AHP(支配代替案法，支配評価基準法)と一斉法をも含む大規模な行列であり，戦略的意思決定に欠かせない非常に重要な行列である．なお，この超一対比較行列の理論と応用に関しては，第6章と第7章を参照願いたい．

第3章の参考文献

[1] 木下栄蔵，中西昌武：「AHPにおける新しい視点の提案」，『土木学会論文集』，No.569/4-36, pp.1-8, 1997.

[2] E. Kinoshita and M. Nakanishi : "Proposal of New AHP Model in Light of Dominant Relationship among Alternatives", *Journal of Operations Research Society of Japan*, Vol.42, No.2, pp.13-19, 1999.

[3] 木下栄蔵，中西昌武：「支配代替案法における追加データの処理手法「一斉法」の提案」，『土木学会論文集』，No.611/ IV-42, pp.13-19, 1999.

[4]　E. Kinoshita, K. Sekitani, J. SHI："Mathematical Properties of Dominant AHP and Concurrent Convergence Method", *Journal of Operations Research Society of Japan*, Vol.45, No.2, pp.198-213, 2002.

[5]　T. Ohya, E. Kinosita："Proposal of Super Pairwise Camparisun Matrix", *Intelligent Desision Technologies*, SIST 10, pp.247-254, Springer-Verlag Berlin Hidelberg, 2011

第4章
支配型AHPから一斉法へ

4.1 はじめに

本章では，AHPの発展モデルである支配型AHPから一斉法について説明する．

まず4.2節では，木下・中西によって提案された支配型AHPについて説明している．従来型AHPでは，すべての代替案の評価値について，評価値を全体で合計1に正規化する．それに対して，支配型AHPでは，ある一つの代替案に着目し，その代替案（支配代替案と呼ぶ）を基準に評価を行うモデルである．さらに4.2節では，木下・中西によって提案された一斉法について説明している．一斉法は，複数の支配代替案が存在するときに，評価基準の重みが支配代替案ごとに異なる場合に，評価基準の重みのギャップを調整する手法である．

4.3節では，杉浦・木下によって提案された評価値一斉法と，総合評価値一斉法について説明している．評価値一斉法は，代替案の評価値が複数存在する場合の評価値のギャップを調整する手法である．総合評価値一斉法は，評価基準の重みが不安定であるために起こる総合評価値の不安定さを，評価値一斉法によって修正している．

4.2 支配型AHPと一斉法

本節では，木下・中西によって提案された支配型AHP [1],[2] と，木下・中西によって提案された一斉法 [3] について説明する．木下・中西によって提案された一斉法を，以下では重み一斉法と呼ぶことにする．

第4章 支配型 AHP から一斉法へ

(1) 支配型 AHP

従来型 AHP がすべての代替案の評価値を全体で1に正規化するのに対して，支配型 AHP では，ある1つの代替案に着目し，その代替案（支配代替案と呼ぶ）を基準に評価を行う．支配型 AHP では，ベンチマークとなる代替案を支配代替案と呼び，それ以外の代替案を服従代替案と呼ぶ．

2つの評価基準 I，II のもとでの3つの代替案 X，Y，Z をそれぞれ支配代替案としたときの評価基準の重みを，それぞれ，W_X，W_Y，W_Z とし，それらを成分とする行列を，

$$W = (W_X, \ W_Y, \ W_Z) \tag{4.1}$$

とする．評価基準の下での代替案の評価値行列 M を (4.2) 式とする．

$$M = \begin{bmatrix} a_{XI} & a_{XII} \\ a_{YI} & a_{YII} \\ a_{ZI} & a_{ZII} \end{bmatrix} \tag{4.2}$$

また，行列 M_i を (4.3) 式のように定義する．

$$M_i = M \begin{bmatrix} \dfrac{1}{a_{iI}} & 0 \\ 0 & \dfrac{1}{a_{iII}} \end{bmatrix} = M A_i^{-1} \tag{4.3}$$

ただし，$A_i = \begin{bmatrix} a_{iI} & 0 \\ 0 & a_{iII} \end{bmatrix} = (i = X, \ Y, \ Z)$ である．

各評価基準のもとでの支配代替案の評価値を1に正規化して，それ以外の各代替案との評価を行う．

代替案 X が支配代替案であるとき，代替案 X から見た評価基準の重みは，

$$A_X A_X^{-1} W_X = W_X \tag{4.4}$$

となる．また，評価基準のもとでの評価値は，代替案 X の評価値を1に正規化するため，

$$M_X = M A_X^{-1} \tag{4.5}$$

4.2 支配型 AHP と一斉法

となる．そして，総合評価値は，
$$M_X(A_X A_X^{-1} W_X) = M A_X^{-1} W_X \tag{4.6}$$
で与えられる．このとき，代替案 Y から見た評価基準の重みの推定値は $A_Y A_X^{-1} W_X$ となり，総合評価値は，
$$M_Y(A_Y A_X^{-1} W_X) = M A_X^{-1} W_X \tag{4.7}$$
となる．同様に，Z から見た評価基準の重みの推定値は $A_Z A_X^{-1} W_X$ となり，総合評価値は，
$$M_Z(A_Z A_X^{-1} W_X) = M A_X^{-1} W_X \tag{4.8}$$
で与えられる．式(4.6)～式(4.8)より，支配型 AHP は代替案ごとに総合評価値を有するが，代替案 X, Y, Z のすべての総合評価値は一致する．

(2) 重み一斉法

重み一斉法は，支配型 AHP において，複数の支配代替案が存在し，評価基準の重みが支配代替案ごとに異なる場合に，重みのギャップを修正する手法である．

まず，代替案 X だけでなく代替案 Y も支配代替案である場合を考える．式(4.6)と同様に，総合評価値は，
$$M_Y(A_Y A_Y^{-1} W_Y) = M A_Y^{-1} W_Y \tag{4.9}$$
で与えられる．このとき，X から見た評価基準の重みの推定値は $A_X A_Y^{-1} W_Y$ となる．これが X を支配代替案としたときの X から見た重み W_X と一致していれば，総合評価値は，
$$M_Y(A_Y A_Y^{-1} W_Y) = M_Y(A_Y A_X^{-1} W_X) = M A_X^{-1} W_X \tag{4.10}$$
となり，X を支配代替案とした場合と一致する．しかし，現実には W_X と推定値 $A_X A_Y^{-1} W_Y$ が一致することはほとんどなく，ギャップが生じることが多い．このような評価基準のギャップを修正する手法が重み一斉法である．

重み一斉法では，重みの修正値は最初に与えられる複数存在する支配代替案からの修正値の平均値によって求められる．e をすべてが 1 のベクトル，T を行列の転置表現とすると，すべての代替案が支配代替案であるときの代替案 X における評価基準の重みの修正値 $\widetilde{W}_X$ は，

$$\widetilde{W}_X = \frac{1}{3}\left(\frac{A_X A_X^{-1} W_X}{e^T A_X A_X^{-1} W_X} + \frac{A_X A_Y^{-1} W_Y}{e^T A_X A_Y^{-1} W_Y} + \frac{A_X A_Z^{-1} W_Z}{e^T A_X A_Z^{-1} W_Z}\right) \quad (4.11)$$

となる．同様にして，代替案 Y, Z から見た重みの修正値 $\widetilde{W}_Y$, $\widetilde{W}_Z$ は，それぞれ次のようになる．

$$\widetilde{W}_Y = \frac{1}{3}\left(\frac{A_Y A_X^{-1} W_X}{e^T A_Y A_X^{-1} W_X} + \frac{A_Y A_Y^{-1} W_Y}{e^T A_Y A_Y^{-1} W_Y} + \frac{A_Y A_Z^{-1} W_Z}{e^T A_Y A_Z^{-1} W_Z}\right) \quad (4.12)$$

$$\widetilde{W}_Z = \frac{1}{3}\left(\frac{A_Z A_X^{-1} W_X}{e^T A_Z A_X^{-1} W_X} + \frac{A_Z A_Y^{-1} W_Y}{e^T A_Z A_Y^{-1} W_Y} + \frac{A_Z A_Z^{-1} W_Z}{e^T A_Z A_Z^{-1} W_Z}\right) \quad (4.13)$$

$\widetilde{W}_X$, $\widetilde{W}_Y$, $\widetilde{W}_Z$ を改めて W_X, W_Y, W_Z とおいて，上の手順を繰り返すと，それらは収束して評価基準の重み W_i^* ($i = X, Y, Z$) となる．評価基準の重み導出の収束性は，参考文献[4]で保証されている．式(4.11)～式(4.13)の平均には，算術平均ではなく幾何平均を用いてもよい．参考文献[9]では，一斉法の収束演算に幾何平均を用いた場合を解説している．最後に，行列 M_i と収束した重み W_i^* との積 $M_i W_i^*$ によって各代替案の評価値が得られる．

$$E_i = M_i W_i^* \quad (4.14)$$

式(4.14)は正規化するとすべて同じベクトルとなり，これが総合評価値となる．

4.3 評価値一斉法と総合評価値一斉法

本節では，評価値一斉法[5],[7],[8],[10]と総合評価値一斉法[6],[10]について説明する．

(1) 評価値一斉法

評価値一斉法は，意思決定の場において，評価基準の違いや複数の意思決定者の存在が原因となり，選択対象や代替案の評価値にギャップが生じる場合や，一意に定まらない場合に，評価値の比を用いることにより，評価値を一意に決定する手法である．特に集団意思決定や合意形成などの複数の意思決定者や，追加情報による意思決定状況の変化によって評価値が複数出現した場合に，出現した複数の評価値を統一する際に有効な手法である．

4.3 評価値一斉法と総合評価値一斉法

評価者数 n 人，評価基準 m 個，代替案 l 個の場合について説明する．評価者 $i(i \in n)$ の評価値を，

$$\mathrm{M}^i = \begin{bmatrix} a_{11} & \cdots & a_{1m} \\ \vdots & & \vdots \\ a_{l1} & \cdots & a_{lm} \end{bmatrix} \tag{4.15}$$

とする．

次に，評価者 i の評価値に代替案 j の評価値の逆数を対角要素に並べた行列との積により，評価者 i のすべての評価基準について代替案 j を基準とする評価値を式(4.16)として導出する．ある代替案に着目し，その代替案の評価値を1にして他の代替案と比較する点は重み一斉法と共通している．

$$\mathrm{M}^i_j = \mathrm{M}^i \cdot \begin{bmatrix} \dfrac{1}{a_{j1}} & 0 & \cdots & 0 \\ 0 & \dfrac{1}{a_{j2}} & \cdots & 0 \\ \vdots & \vdots & \ddots & \vdots \\ 0 & 0 & \cdots & \dfrac{1}{a_{jm}} \end{bmatrix} \tag{4.16}$$

式(4.16)はすべての評価基準について，代替案 j の評価値を1とすることを意味する．

そして，評価者数 n により M_j の平均をとり，式(4.17)を得る．

$$\mathrm{M}_j^{(1)} = \frac{1}{n}\sum_{i=1}^{n} \mathrm{M}^i_j = \begin{bmatrix} a^j_{11} & \cdots & a^j_{1m} \\ \vdots & & \vdots \\ a^j_{l1} & \cdots & a^j_{lm} \end{bmatrix} \tag{4.17}$$

式(4.17)によって，評価者 i の評価値に加重平均を用いて評価者や意思決定者の重み付けに差をもたせることが可能である．式(4.17)は，代替案 j の評価値をすべて1として基準化した評価値である．つまり，代替案 j とそれ以外の代替案との相対的な評価の比を表現している．さらに，ある代替案 k を基準

とする評価値から新たに代替案 j を基準とする評価値を導出するには，代替案 k を基準とする評価値に，代替案 j の評価値の逆数を対角要素に並べた行列を掛ければよい．

$$M_{kj} = M_k^{(1)} \cdot \begin{bmatrix} \dfrac{1}{a_{k1}^j} & 0 & \cdots & 0 \\ 0 & \dfrac{1}{a_{k2}^j} & \cdots & 0 \\ \vdots & \vdots & \ddots & \vdots \\ 0 & 0 & \cdots & \dfrac{1}{a_{km}^j} \end{bmatrix} \tag{4.18}$$

そして代替案の数は全部で l 個あるため，その平均をとり第 2 期の導出値が得られる．ある代替案の評価と別の代替案の評価の比較を，評価値の比を用いて行い，対象となる代替案とそれ以外の代替案の評価の平均を導出し，新たに対象の代替案の評価値としている．

$$M_j^{(2)} = \frac{1}{l} \sum_{k=1}^{l} M_{kj} \tag{4.19}$$

式 (4.19) の導出値を再び式 (4.18) に代入し，演算を繰り返すと，$M_j^{(t)} = M_j^{(t-1)}$ として収束する．収束した評価値は，代替案 j を基準とした評価値であり，$M_j^{(t)}$ について，合計が 1 となるように正規化すると，唯一の総合評価値が得られる．

(2) 総合評価値一斉法

総合評価値一斉法は，重み一斉法の総合評価値の導出を評価値一斉法として演算する手法である．

評価値一斉法のみならず，一連の AHP モデル，支配型 AHP での導出原理は，各代替案の評価値と各評価基準の重みであるベクトルの積により総合評価を導出する．M を評価値，W を評価基準の重みとすると，総合評価値 E は，

$$E \equiv M \cdot W \tag{4.20}$$

として与えられる．

4.3 評価値一斉法と総合評価値一斉法

4.2節の重み一斉法と同様に，評価基準（Ⅰ，Ⅱ）のもとでの代替案 X，Y，Z の評価値を式(4.21)とする．

$$M = \begin{array}{c} X \\ Y \\ Z \end{array} \left[\begin{array}{cc} a_{X\mathrm{I}} & a_{X\mathrm{II}} \\ a_{Y\mathrm{I}} & a_{Y\mathrm{II}} \\ a_{Z\mathrm{I}} & a_{Z\mathrm{II}} \end{array} \right] \tag{4.21}$$

また，代替案 X，Y，Z から見た評価基準の重みを，式(4.1)と同様に，$W = (W_X, W_Y, W_Z)$ とする．ただし，評価基準の異なる重みベクトルの各要素を，

$$W_X = \left[\begin{array}{c} w_{\mathrm{I}X} \\ w_{\mathrm{II}X} \end{array} \right], \; W_Y = \left[\begin{array}{c} w_{\mathrm{I}Y} \\ w_{\mathrm{II}Y} \end{array} \right], \; W_Z = \left[\begin{array}{c} w_{\mathrm{I}Z} \\ w_{\mathrm{II}Z} \end{array} \right]$$

とする．

ここで，代替案 X を視点とした評価値に対応して，M_X は，

$$M_X = M \left[\begin{array}{cc} \dfrac{1}{a_{X\mathrm{I}}} & 0 \\ 0 & \dfrac{1}{a_{X\mathrm{II}}} \end{array} \right] = \left[\begin{array}{cc} 1 & 1 \\ \dfrac{a_{Y\mathrm{I}}}{a_{X\mathrm{I}}} & \dfrac{a_{Y\mathrm{II}}}{a_{X\mathrm{II}}} \\ \dfrac{a_{Z\mathrm{I}}}{a_{X\mathrm{I}}} & \dfrac{a_{Z\mathrm{II}}}{a_{X\mathrm{II}}} \end{array} \right] \tag{4.22}$$

として導出できる．同様に，代替案 Y，Z を視点とした評価値である，M_Y，M_Z は，

$$M_Y = M \left[\begin{array}{cc} \dfrac{1}{a_{Y\mathrm{I}}} & 0 \\ 0 & \dfrac{1}{a_{Y\mathrm{II}}} \end{array} \right] = \left[\begin{array}{cc} \dfrac{a_{X\mathrm{I}}}{a_{Y\mathrm{I}}} & \dfrac{a_{X\mathrm{II}}}{a_{Y\mathrm{II}}} \\ 1 & 1 \\ \dfrac{a_{Z\mathrm{I}}}{a_{Y\mathrm{I}}} & \dfrac{a_{Z\mathrm{II}}}{a_{Y\mathrm{II}}} \end{array} \right] \tag{4.23}$$

$$M_Z = M \left[\begin{array}{cc} \dfrac{1}{a_{Z\mathrm{I}}} & 0 \\ 0 & \dfrac{1}{a_{Z\mathrm{II}}} \end{array} \right] = \left[\begin{array}{cc} \dfrac{a_{X\mathrm{I}}}{a_{Z\mathrm{I}}} & \dfrac{a_{X\mathrm{II}}}{a_{Z\mathrm{II}}} \\ \dfrac{a_{Y\mathrm{I}}}{a_{Z\mathrm{I}}} & \dfrac{a_{Y\mathrm{II}}}{a_{Z\mathrm{II}}} \\ 1 & 1 \end{array} \right] \tag{4.24}$$

第4章 支配型AHPから一斉法へ

として導出できる．

さらに，ギャップの生じている評価基準の重みと M_X, M_Y, M_Z の積として不安定なままの総合評価値が，それぞれ，

$$E_X = M_X \cdot W_X = \begin{bmatrix} 1 & 1 \\ \dfrac{a_{YI}}{a_{XI}} & \dfrac{a_{YII}}{a_{XII}} \\ \dfrac{a_{ZI}}{a_{XI}} & \dfrac{a_{ZII}}{a_{XII}} \end{bmatrix} \cdot \begin{bmatrix} w_{IX} \\ w_{IIX} \end{bmatrix} = \begin{bmatrix} 1 \\ E_X^Y \\ E_X^Z \end{bmatrix} \quad (4.25)$$

$$E_Y = M_Y \cdot W_Y = \begin{bmatrix} \dfrac{a_{XI}}{a_{XI}} & \dfrac{a_{XII}}{a_{XII}} \\ 1 & 1 \\ \dfrac{a_{XI}}{a_{YI}} & \dfrac{a_{ZII}}{a_{YII}} \end{bmatrix} \cdot \begin{bmatrix} w_{IY} \\ w_{IIY} \end{bmatrix} = \begin{bmatrix} E_Y^X \\ 1 \\ E_Y^Z \end{bmatrix} \quad (4.26)$$

$$E_Z = M_Z \cdot W_Z = \begin{bmatrix} \dfrac{a_{YI}}{a_{ZI}} & \dfrac{a_{XII}}{a_{ZII}} \\ \dfrac{a_{YI}}{a_{ZI}} & \dfrac{a_{YII}}{a_{ZII}} \\ 1 & 1 \end{bmatrix} \cdot \begin{bmatrix} w_{IZ} \\ w_{IIZ} \end{bmatrix} = \begin{bmatrix} E_Z^X \\ E_Z^Y \\ 1 \end{bmatrix} \quad (4.27)$$

として導出できる．

ここで，式(4.25)～式(4.27)の E_X, E_Y, E_Z は，それぞれ代替案 X, Y, Z の評価値を 1 とする異なる列ベクトルとなる．そのため，評価値一斉法の演算を適用できる．

より一般的に，評価基準 n 個，代替案を m 個とすると，各評価基準のもとでの代替案の評価値を，

$$M = \begin{bmatrix} U_{11} & \cdots & U_{1j} & \cdots & U_{1n} \\ \vdots & & \vdots & & \vdots \\ U_{i1} & \cdots & U_{ij} & \cdots & U_{in} \\ \vdots & & \vdots & & \vdots \\ U_{m1} & \cdots & U_{mj} & \cdots & U_{mn} \end{bmatrix} \quad (4.28)$$

4.3 評価値一斉法と総合評価値一斉法

と表現する．代替案ごとの評価基準の重みベクトルを，

$$\mathbf{W} = (W_i, \ W_j, \ W_m) \tag{4.29}$$

と表現する．このときの W_j は，代替案 j からの評価基準の重みである．そして，代替案 j の評価基準の重み W_j には，評価基準 n 個分の重みが含まれているため，

$$W_j = \begin{bmatrix} w_1 \\ \vdots \\ w_n \end{bmatrix} \tag{4.30}$$

と表現できる．ただし，評価基準の重みは全体で1となるため，$\sum w_k = 1$ である．続いて，式(4.3)，式(4.22)～式(4.24)と同様の行列は式(4.31)となる．

$$M^j = M \begin{bmatrix} \dfrac{1}{U_{J1}} & \cdots & 0 \\ \vdots & \ddots & \vdots \\ 0 & \cdots & \dfrac{1}{U_{Jn}} \end{bmatrix} \tag{4.31}$$

式(4.31)は，最初に与えられた代替案の評価値から代替案 j を新たに基準とする評価値，つまり代替案 j の評価値を1にするような演算を行っている．

そして，式(4.25)～式(4.27)に対応して，

$$E_1^j = M^j \cdot W_j = M \begin{bmatrix} \dfrac{1}{U_{J1}} & \cdots & 0 \\ \vdots & \ddots & \vdots \\ 0 & \cdots & \dfrac{1}{U_{Jn}} \end{bmatrix} \cdot \begin{bmatrix} w_1 \\ \vdots \\ w_n \end{bmatrix} = \begin{bmatrix} u_1^j \\ \vdots \\ u_m^j \end{bmatrix} \tag{4.32}$$

として初期値を得る．式(4.32)を初期値として，第2期は列ベクトルについての評価値一斉法となり，第2期の導出値として，

$$E_2^j = \frac{1}{m} \sum_{k=1}^{m} \frac{E_1^j}{u_k^j} \tag{4.33}$$

が導出される．同様にして，第 $n+1$ 期は，

第 4 章　支配型 AHP から一斉法へ

$$E_{n+1}^j = \frac{1}{m}\sum_{k=1}^{m}\frac{E_n^j}{u_k^j} \tag{4.34}$$

となる．同様にステップを繰り返し，$E_{n+1}^j = E_n^j$ となったとき，演算は収束する．そして，収束値として式(4.35)が得られる．

$$E_*^j = \begin{bmatrix} u_1^j \\ \vdots \\ u_m^j \end{bmatrix} \tag{4.35}$$

最終的な総合評価値 E は，式(4.35)を合計 1 に正規化し，

$$E = \frac{u_k^j}{\sum_{k=1}^{m} u_k^j} \tag{4.36}$$

として得られる．つまり，総合評価値一斉法では，最終的に収束した値は，各代替案の評価値を 1 とする評価値が代替案の総数である m だけ存在する．それらはいずれも正規化することにより，唯一の総合評価値として導出できる．評価基準の重みが不安定であるために起こる総合評価値の不安定さを，評価値一斉法によって修正している．

第 4 章の参考文献

[1] 木下栄蔵，中西昌武：「AHP における新しい視点の提案」，『土木学会論文集』，No.569/ IV-36, pp.1-8, 1997.

[2] E. Kinoshita and M. Nakanishi : "Proposal of New AHP model in light of Dominant Relationship among Alternatives", *Journal of Operations Research Society of Japan*, Vol.42, No.2, pp.180-197, 1999.

[3] 木下栄蔵，中西昌武：「支配代替案法における追加データの処理手法「一斉法」の提案」，『土木学会論文集』，No.611/IV-42, pp.13-19, 1999.

[4] E. Kinoshita, K. Sekitani and J. Shi : "Mathematical Properties of Dominant AHP and Concurrent Convergence Method", *Journal of Operations Research Society of Japan*, Vol.45, No.2, pp.198-213, 2002.

[5] 杉浦伸，木下栄蔵：「評価値一斉法の提案」，『土木計画学研究・論文集』，Vol.21, pp.33-44, 2004.

[6] 杉浦伸,木下栄蔵:「総合評価値一斉法の提案」,『土木計画学研究・論文集』,Vol.22,pp.39-46,2005.
[7] 杉浦伸,木下栄蔵:「評価値一斉法を適用した集団面接評価」,『都市情報学研究』,No.12,pp.73-78,2007.
[8] S. Sugiura, E. Kinoshita : "A Dissolution of Circular Logic on Social Choice (社会的意思決定における循環律の解消)", *Journal of Japanese Symposium on the Analytic Hierarchy Process*, No.1, pp.75-83, 2007.
[9] T. Ohya, E. Kinoshita : "The Geometric Mean Concurrent Convergence Method", *Proceeding of the 10th International Symposium on the Analytic Hierarchy Process*, 2009, ISSN 1556-8296, 2009. http://www.isahp.org/2009Proceedings/index.htm
[10] 木下栄蔵編著:『サービスサイエンスの理論と実践』,近代科学社,pp.139-150,2011.

第5章
支配型AHPと一斉法の適用例

5.1 はじめに

本章では，支配型 AHP と一斉法モデルの適用例を紹介する．

まず，5.2 節では例題を用いて支配型 AHP と重み一斉法の数値例を示す．5.2 節の数値例は本書の付属ソフトを使って計算したものであり，付録のマニュアルに沿って操作すれば，実際に数値結果を導出できる．

5.3 節では重み一斉法と総合評価値一斉法の適用例を紹介し，5.4 節では評価値一斉法の適用例を紹介する．

5.2 支配型 AHP と重み一斉法の適用例

例として，「都市の住環境評価」を総合目的とした，「交通」，「財政」，「文化」の 3 つの評価基準と，A 市，B 市，C 市，D 市の 4 つの代替案からなる階層図を図 5.1 に示す．

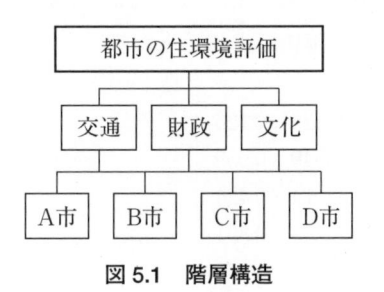

図 5.1 階層構造

第 5 章　支配型 AHP と一斉法の適用例

このとき，4つの代替案の中から，A市を支配代替案とし，評価を行っていくことにする．

支配型 AHP では，最初に支配代替案(A市)から見た一対比較により，評価基準の重みを導出する．表 5.1 に A 市を支配代替案としたときの住環境評価の評価基準の一対比較を示す．

表 5.1　評価基準の一対比較

	交通	財政	文化	評価基準の重み
交通	1	3	3	0.600
財政	$\frac{1}{3}$	1	1	0.200
文化	$\frac{1}{3}$	1	1	0.200

表 5.1 より，支配代替案である A 市から見た各評価基準の重みは式(5.1)となる．

$$W_A = \begin{bmatrix} 0.600 \\ 0.200 \\ 0.200 \end{bmatrix} \tag{5.1}$$

次に，代替案の評価値として各評価基準から見た代替案の一対比較を行う．各評価基準のもとでの代替案の一対比較を表 5.2 に示す．

表 5.2 から，代替案の評価値は式(5.2)となる．

$$M = \begin{matrix} A \\ B \\ C \\ D \end{matrix} \begin{bmatrix} 0.548 & 0.129 & 0.126 \\ 0.304 & 0.549 & 0.059 \\ 0.110 & 0.074 & 0.424 \\ 0.038 & 0.248 & 0.391 \end{bmatrix} \tag{5.2}$$

支配型 AHP では，支配代替案の評価値が 1 となるように正規化する．その

5.2 支配型 AHP と重み一斉法の適用例

表 5.2 評価基準のもとでの代替案の一対比較

交通	A1	A2	A3	A4	評価値
A1	1	3	5	9	0.548
A2	$\frac{1}{3}$	1	5	7	0.304
A3	$\frac{1}{5}$	$\frac{1}{5}$	1	5	0.110
A4	$\frac{1}{9}$	$\frac{1}{7}$	$\frac{1}{5}$	1	0.038

財政	A1	A2	A3	A4	評価値
A1	1	$\frac{5}{1}$	3	$\frac{1}{3}$	0.129
A2	5	1	5	3	0.549
A3	$\frac{1}{3}$	$\frac{1}{5}$	1	$\frac{1}{3}$	0.074
A4	3	$\frac{1}{3}$	3	1	0.248

文化	A1	A2	A3	A4	評価値
A1	1	3	$\frac{1}{5}$	$\frac{1}{3}$	0.126
A2	$\frac{1}{3}$	1	$\frac{1}{5}$	$\frac{1}{7}$	0.059
A3	5	5	1	1	0.424
A4	3	7	1	1	0.391

ため，評価値 M において A 市の評価値を 1 に基準化すると，支配代替案 A の評価値として式(5.3)が得られる．

第5章 支配型 AHP と一斉法の適用例

$$M_A = \begin{bmatrix} 1 & 1 & 1 \\ 0.555 & 4.256 & 0.468 \\ 0.201 & 0.574 & 3.365 \\ 0.069 & 1.922 & 3.103 \end{bmatrix} \qquad (5.3)$$

そして，総合評価値は $M_A W_A$ の積で得られ，総合評価値は E_A として，式 (5.4) が導出できる．

$$E_A = M_A W_A = \begin{bmatrix} 1 & 1 & 1 \\ 0.555 & 4.256 & 0.468 \\ 0.201 & 0.574 & 3.365 \\ 0.069 & 1.922 & 3.103 \end{bmatrix} \begin{bmatrix} 0.600 \\ 0.200 \\ 0.200 \end{bmatrix} = \begin{bmatrix} 1 \\ 1.276 \\ 0.906 \\ 1.045 \end{bmatrix} \qquad (5.4)$$

続いて，支配代替案である A 市から B 市に視点を変更すると，評価値 M において B 市の評価値をすべて 1 として，評価値 M_B は式 (5.5) となる．

$$M_B = \begin{bmatrix} 1.803 & 0.235 & 2.136 \\ 1 & 1 & 1 \\ 0.362 & 0.135 & 7.186 \\ 0.125 & 0.452 & 6.627 \end{bmatrix} \qquad (5.5)$$

ここで，評価基準の重み W_B は，式 (5.6) として導出される．

$$W_B = \begin{bmatrix} \dfrac{0.600 \times 0.555}{0.600 \times 0.555 + 0.200 \times 4.256 + 0.200 \times 0.468} \\ \dfrac{0.200 \times 4.256}{0.600 \times 0.555 + 0.200 \times 4.256 + 0.200 \times 0.468} \\ \dfrac{0.200 \times 0.468}{0.600 \times 0.555 + 0.200 \times 4.256 + 0.200 \times 0.468} \end{bmatrix} = \begin{bmatrix} 0.261 \\ 0.666 \\ 0.073 \end{bmatrix} \qquad (5.6)$$

その結果，B 市を視点とした総合評価値 E_B は，式 (5.7) として導出できる．

5.2 支配型 AHP と重み一斉法の適用例

$$E_B = M_B W_B = \begin{bmatrix} 1.803 & 0.235 & 2.136 \\ 1 & 1 & 1 \\ 0.362 & 0.135 & 7.186 \\ 0.125 & 0.452 & 6.627 \end{bmatrix} \begin{bmatrix} 0.261 \\ 0.666 \\ 0.073 \end{bmatrix} = \begin{bmatrix} 0.784 \\ 1 \\ 0.710 \\ 0.819 \end{bmatrix} \quad (5.7)$$

同様にして，C 市と D 市を視点とした総合評価値 E_C, E_D は，それぞれ式 (5.8)，式 (5.9) となる．

$$E_C = M_C W_C = \begin{bmatrix} 4.982 & 1.743 & 0.297 \\ 2.764 & 7.419 & 0.139 \\ 1 & 1 & 1 \\ 0.345 & 3.351 & 0.922 \end{bmatrix} \begin{bmatrix} 0.133 \\ 0.126 \\ 0.741 \end{bmatrix} = \begin{bmatrix} 1.103 \\ 1.408 \\ 1 \\ 1.153 \end{bmatrix} \quad (5.8)$$

$$E_D = M_D W_D = \begin{bmatrix} 14.421 & 0.520 & 0.322 \\ 8.000 & 2.214 & 0.151 \\ 2.895 & 0.298 & 1.084 \\ 1 & 1 & 1 \end{bmatrix} \begin{bmatrix} 0.593 \\ 0.367 \\ 0.04 \end{bmatrix} = \begin{bmatrix} 0.957 \\ 1.221 \\ 0.867 \\ 1 \end{bmatrix} \quad (5.9)$$

支配型 AHP では，支配代替案からの視点の変更により，総合評価値 E_A, E_B, E_C, E_D の 4 種類が導出できる．これらはいずれも合計 1 に正規化すると，唯一の総合評価値として，

$$E = \begin{bmatrix} 0.237 \\ 0.302 \\ 0.214 \\ 0.247 \end{bmatrix} \quad (5.10)$$

となり，B 市 (0.302) > D 市 (0.247) > A 市 (0.237) > C 市 (0.214) と優先順位付けできる．

次に，新たな評価者の登場などによって，新たに C 市を支配代替案として評価基準の重みが表 5.3 に示す値になったとする．代替案の評価値は式 (5.3) と同様である．

第 5 章　支配型 AHP と一斉法の適用例

表 5.3　評価基準の一対比較

	交通	財政	文化	評価基準の重み
交通	1	$\frac{1}{5}$	$\frac{1}{9}$	0.058
財政	5	1	$\frac{1}{5}$	0.207
文化	9	5	1	0.735

すると，支配型 AHP での総合評価値は，支配代替案である C 市と A 市，B 市，D 市の視点での総合評価値の結果は，それぞれ，

$$E_C = \begin{bmatrix} 0.871 \\ 1.805 \\ 1 \\ 1.393 \end{bmatrix}, \quad E_A = \begin{bmatrix} 1 \\ 2.071 \\ 1.148 \\ 1.599 \end{bmatrix}, \quad E_B = \begin{bmatrix} 0.483 \\ 1 \\ 0.554 \\ 0.772 \end{bmatrix}, \quad E_D = \begin{bmatrix} 0.625 \\ 1.295 \\ 0.718 \\ 1 \end{bmatrix}$$

となる．これらは合計 1 に正規化すると，いずれも，

$$E = \begin{bmatrix} 0.172 \\ 0.356 \\ 0.197 \\ 0.275 \end{bmatrix}$$

となり，B 市 (0.356) > D 市 (0.275) > C 市 (0.197) > A 市 (0.172) と優先順位付けできる．

　支配代替案が複数存在する場合に，支配代替案ごとの評価基準の重みのずれを修正するのが重み一斉法である．以上の例では，A 市と C 市が支配代替案となった場合で優先順位は同じであるものの，評価値の結果が異なっている．そこで重み一斉法を適用すると，修正した評価基準の重みベクトルは，それぞれ，

$$W_A^* = \begin{bmatrix} 0.474 \\ 0.302 \\ 0.224 \end{bmatrix}, \quad W_C^* = \begin{bmatrix} 0.093 \\ 0.169 \\ 0.738 \end{bmatrix}$$

となり，最終的な総合評価値は，

$$E = \begin{bmatrix} 0.214 \\ 0.328 \\ 0.213 \\ 0.246 \end{bmatrix}$$

が導出できる．その結果，B 市 (0.328) > D 市 (0.246) > A 市 (0.214) > C 市 (0.213) となり，支配代替案が複数あって評価基準の重みが異なる場合の総合的な優先順位付け結果が得られる．

5.3 重み一斉法と総合評価値一斉法の適用例

本節では，参考文献 [1] をもとに重み一斉法と総合評価値一斉法の適用例を紹介する．

総合目的を「効率的なバスの運行」とし，2 つの評価基準を「利便性」，「費用負担」とする．3 つの代替案は「バスの本数増加」，「現状維持」，「バスの本数減少」と想定する．本事例の階層図を図 5.2 に示す．

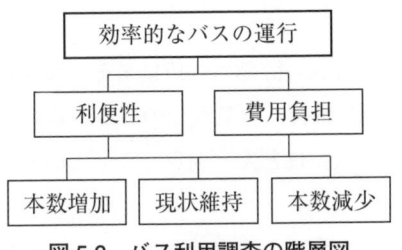

図 5.2 バス利用調査の階層図

第 5 章　支配型 AHP と一斉法の適用例

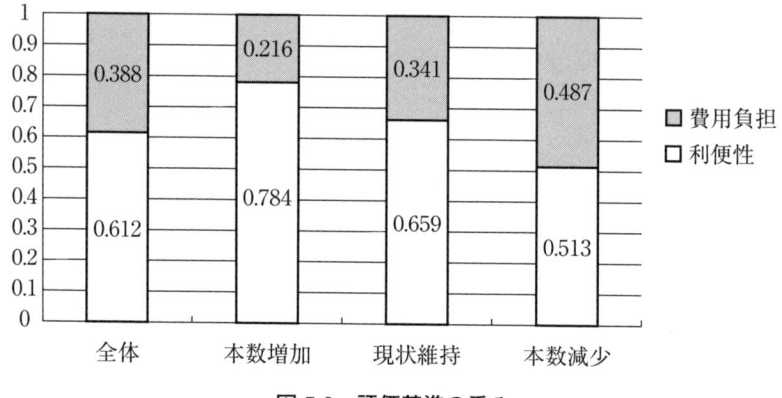

図 5.3　評価基準の重み

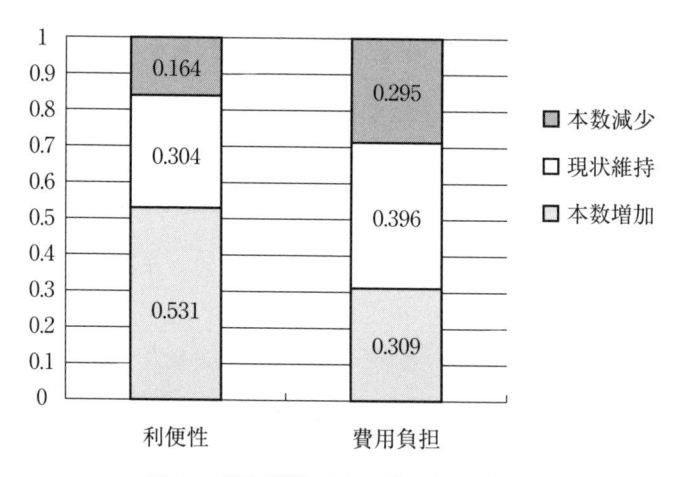

図 5.4　評価基準ごとの代替案の評価値

　評価基準の重みと各代替案の評価の数値結果を，図 5.3，図 5.4 に示す．
　図 5.3 の本数増加，現状維持，本数減少の 3 つの項目は，バスをよく利用する人，ときどき利用する人，ほとんど利用しない人の個別の評価基準を表したものである．
　一斉法モデルをバス利用調査に適用させるにあたり，代替案ごとの評価基準の重みが必要になる．そのため，本事例では「バスをよく利用する人」，「とき

74

5.3 重み一斉法と総合評価値一斉法の適用例

どき利用する人」,「ほとんど利用しない人」を3つの代替案「バスの本数増加」,「現状維持」,「バスの本数減少」の立場とし,各評価基準の重みとした(図5.4参照). この場合の評価基準の重みである W は,

$$W = \begin{bmatrix} 0.784 & 0.659 & 0.513 \\ 0.216 & 0.341 & 0.487 \end{bmatrix} \quad (5.11)$$

となる. 代替案の評価値 M は,式(5.12)となる.

$$M = \begin{bmatrix} 0.531 & 0.309 \\ 0.304 & 0.396 \\ 0.164 & 0.295 \end{bmatrix} \quad (5.12)$$

以上から重み一斉法の演算結果を表5.4に示す.

表5.4 重み一斉法の演算結果

	本数増加		現状維持		本数減少	
	利便性	費用負担	利便性	費用負担	利便性	費用負担
①	0.784	0.216	0.659	0.341	0.513	0.487
			0.619	0.381	0.541	0.459
	0.812	0.188			0.584	0.416
	0.765	0.235	0.593	0.407		
②	0.787	0.213	0.624	0.376	0.546	0.454
			0.623	0.377	0.545	0.455
	0.787	0.213			0.546	0.454
	0.788	0.212	0.624	0.376		
③	0.787	0.213	0.624	0.376	0.546	0.454
			0.624	0.376	0.546	0.454
	0.787	0.213			0.546	0.454
	0.787	0.213	0.624	0.376		
④	0.787	0.213	0.624	0.376	0.546	0.454

第5章 支配型AHPと一斉法の適用例

各代替案を視点とする評価値はそれぞれ，

$$M_{増加} = \begin{bmatrix} 0.531 & 0.309 \\ 0.304 & 0.396 \\ 0.164 & 0.295 \end{bmatrix} \begin{bmatrix} \dfrac{1}{0.531} & 0 \\ 0 & \dfrac{1}{0.309} \end{bmatrix} = \begin{bmatrix} 1 & 1 \\ 0.573 & 1.282 \\ 0.31 & 0.955 \end{bmatrix} \quad (5.13)$$

$$M_{維持} = \begin{bmatrix} 0.531 & 0.309 \\ 0.304 & 0.396 \\ 0.164 & 0.295 \end{bmatrix} \begin{bmatrix} \dfrac{1}{0.304} & 0 \\ 0 & \dfrac{1}{0.396} \end{bmatrix} = \begin{bmatrix} 1.745 & 0.78 \\ 1 & 1 \\ 0.54 & 0.745 \end{bmatrix} \quad (5.14)$$

$$M_{減少} = \begin{bmatrix} 0.531 & 0.309 \\ 0.304 & 0.396 \\ 0.164 & 0.295 \end{bmatrix} \begin{bmatrix} \dfrac{1}{0.164} & 0 \\ 0 & \dfrac{1}{0.295} \end{bmatrix} = \begin{bmatrix} 3.23 & 1.047 \\ 1.851 & 1.342 \\ 1 & 1 \end{bmatrix} \quad (5.15)$$

となる．

式(5.13)～式(5.15)の代替案の各視点の評価値行列と，表5.4で収束した評価基準の重み $W^*_{増加} = \begin{bmatrix} 0.787 \\ 0.213 \end{bmatrix}$, $W^*_{維持} = \begin{bmatrix} 0.624 \\ 0.376 \end{bmatrix}$, $W^*_{減少} = \begin{bmatrix} 0.546 \\ 0.454 \end{bmatrix}$ との積は，式(5.16)～式(5.18)となる．

$$E_{増加} = M_{増加} W_{増加} = \begin{bmatrix} 1 \\ 0.724 \\ 0.447 \end{bmatrix} \quad (5.16)$$

$$E_{維持} = M_{維持} W_{維持} = \begin{bmatrix} 1.382 \\ 1 \\ 0.617 \end{bmatrix} \quad (5.17)$$

$$E_{減少} = M_{減少} W_{減少} = \begin{bmatrix} 2.238 \\ 1.62 \\ 1 \end{bmatrix} \quad (5.18)$$

5.3 重み一斉法と総合評価値一斉法の適用例

そして，式(5.16)〜式(5.18)における評価値をそれぞれ正規化すると，総合評価値は $E = \begin{bmatrix} 0.461 \\ 0.333 \\ 0.206 \end{bmatrix}$ となり，代替案の優先順位が，バスの本数増加(0.461)＞現状維持(0.333)＞バスの本数減少(0.206)になっていることがわかる.

次に，重み一斉法の代わりに総合評価値一斉法を適用した代替案の選定結果を示す．重み一斉法の場合と同様に，図 5.3，図 5.4 から代替案の評価値 M，評価基準の重み W は，それぞれ式(5.12)，式(5.11)である．

各代替案を視点とする評価値は，重み一斉法と同様に，式(5.13)〜式(5.15)である．

ここで，総合評価値一斉法の代替案ごとの導出初期値は，

$$E_1^{増加} = \begin{bmatrix} 1 & 1 \\ 0.573 & 1.282 \\ 0.31 & 0.955 \end{bmatrix} \cdot \begin{bmatrix} 0.784 \\ 0.216 \end{bmatrix} = \begin{bmatrix} 1 \\ 0.726 \\ 0.449 \end{bmatrix} \tag{5.19}$$

$$E_1^{現状} = \begin{bmatrix} 1.745 & 0.78 \\ 1 & 1 \\ 0.54 & 0.745 \end{bmatrix} \cdot \begin{bmatrix} 0.659 \\ 0.341 \end{bmatrix} = \begin{bmatrix} 1.416 \\ 1 \\ 1.61 \end{bmatrix} \tag{5.20}$$

$$E_1^{減少} = \begin{bmatrix} 3.23 & 1.047 \\ 1.851 & 1.342 \\ 1 & 1 \end{bmatrix} \cdot \begin{bmatrix} 0.513 \\ 0.487 \end{bmatrix} = \begin{bmatrix} 2.167 \\ 1.604 \\ 1 \end{bmatrix} \tag{5.21}$$

となる．式(5.19)〜式(5.21)の導出初期値から総合評価値一斉法が収束するまでの過程を示したのが表 5.5 である．

第 5 章　支配型 AHP と一斉法の適用例

表 5.5　総合評価値一斉法の結果

ステップ 1				ステップ 2			
$\begin{bmatrix} 1 \\ 0.726 \\ 0.449 \end{bmatrix}$	$\begin{bmatrix} 1.416 \\ 1 \\ 0.61 \end{bmatrix}$	$\begin{bmatrix} 2.167 \\ 1.604 \\ 1 \end{bmatrix}$		$\begin{bmatrix} 1 \\ 0.724 \\ 0.447 \end{bmatrix}$	$\begin{bmatrix} 1.381 \\ 1 \\ 0.617 \end{bmatrix}$	$\begin{bmatrix} 2.238 \\ 1.62 \\ 1 \end{bmatrix}$	
	$\begin{bmatrix} 1.377 \\ 1 \\ 0.618 \end{bmatrix}$	$\begin{bmatrix} 2.227 \\ 1.617 \\ 1 \end{bmatrix}$			$\begin{bmatrix} 1.381 \\ 1 \\ 0.617 \end{bmatrix}$	$\begin{bmatrix} 2.237 \\ 1.62 \\ 1 \end{bmatrix}$	
$\begin{bmatrix} 1 \\ 0.706 \\ 0.431 \end{bmatrix}$		$\begin{bmatrix} 2.227 \\ 1.617 \\ 1 \end{bmatrix}$		$\begin{bmatrix} 1 \\ 0.724 \\ 0.447 \end{bmatrix}$		$\begin{bmatrix} 2.238 \\ 1.621 \\ 1 \end{bmatrix}$	
$\begin{bmatrix} 1 \\ 0.741 \\ 0.461 \end{bmatrix}$	$\begin{bmatrix} 1.351 \\ 1 \\ 0.623 \end{bmatrix}$			$\begin{bmatrix} 1 \\ 0.724 \\ 0.447 \end{bmatrix}$	$\begin{bmatrix} 1.381 \\ 1 \\ 0.617 \end{bmatrix}$		
$\begin{bmatrix} 1 \\ 0.724 \\ 0.447 \end{bmatrix}$	$\begin{bmatrix} 1.381 \\ 1 \\ 0.617 \end{bmatrix}$	$\begin{bmatrix} 2.238 \\ 1.62 \\ 1 \end{bmatrix}$		$\begin{bmatrix} 1 \\ 0.724 \\ 0.447 \end{bmatrix}$	$\begin{bmatrix} 1.381 \\ 1 \\ 0.617 \end{bmatrix}$	$\begin{bmatrix} 2.238 \\ 1.62 \\ 1 \end{bmatrix}$	

表 5.5 の結果から収束した評価値として，

$$E_*^{増加} = \begin{bmatrix} 1 \\ 0.724 \\ 0.447 \end{bmatrix} \tag{5.22}$$

$$E_*^{維持} = \begin{bmatrix} 1.381 \\ 1 \\ 0.617 \end{bmatrix} \tag{5.23}$$

$$E_*^{減少} = \begin{bmatrix} 2.238 \\ 1.62 \\ 1 \end{bmatrix} \tag{5.24}$$

が得られる．式(5.22)～式(5.24)を正規化すると，いずれも，

$$E = \begin{bmatrix} 0.461 \\ 0.333 \\ 0.206 \end{bmatrix} \tag{5.25}$$

となり，バスの本数増加(0.461)＞現状維持(0.333)＞バスの本数減少(0.206)の順序になっていることがわかる．そして，総合評価値一斉法で得られた結果は，重み一斉法を用いた結果と一致していることがわかる．

このとき感度分析を行うと，代替案の選定順序が入れ替わるためには，評価基準の配分がどのような配分であればよいのかがわかる．利便性，費用負担の評価基準の重みをそれぞれ，t_1，t_2とすると，関数$E(t)$として，

$$E(t) = \begin{bmatrix} 0.531 \\ 0.304 \\ 0.164 \end{bmatrix} t_1 + \begin{bmatrix} 0.309 \\ 0.396 \\ 0.295 \end{bmatrix} t_2 \tag{5.26}$$

と表現できる．まず式(5.26)から，評価基準の重みt_1，t_2がどのように変化しても，代替案「バスの本数減少」は常に最下位に位置することがわかる．一方，代替案「バスの本数増加」と「現状維持」の入れ替えの起こる範囲は，$0 \leq t_1 \leq 0.277$の範囲，すなわち利便性の評価基準の重みが0.277より小さいときに，代替案「現状維持」が代替案「バスの本数増加」よりも選定順序が上位になることが判明する．

5.4 評価値一斉法の適用例

本節では，参考文献[2]の評価値一斉法を集団面接評価に用いた適用例を紹介する．

組織が人材を採用する際，多くの場合は面接を行ってその人がどのような人物であるかを見極める．面接においてその人物を評価する際に，評価値が複数出現することがある．このような場合に評価値一斉法を適用し，評価値を統一

第 5 章　支配型 AHP と一斉法の適用例

することができる．

　評価値一斉法を用いた集団面接評価では，就職面接を想定し，複数の面接者による集団面接を行った．面接官は初めて会う被面接者の評価を行うため，複数の被面接者をいくつかの評価基準のもとに評価し，被面接者間の比較により評価してゆくと見なしている．

　面接者は 4 人，被面接者は 4 人である．評価のための階層図を図 5.5 に示す．

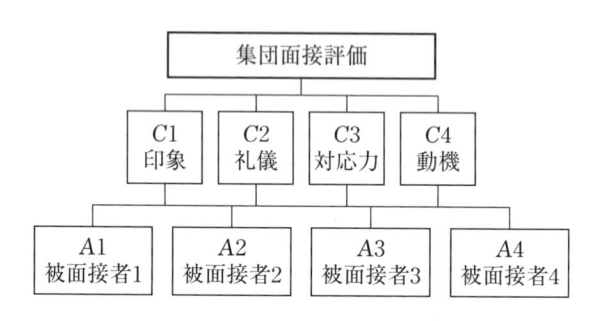

図 5.5　面接評価階層図

　評価基準は，「印象」，「礼儀」，「対応力」，「動機」の 4 つである．「印象」は，面接者の被面接者に対する主観的な評価である．「礼儀」は，被面接者の礼儀作法に対する評価であり，「対応力」は，被面接者が面接者に問われた質問に的確に応対できるかの評価であり，「動機」は，被面接者の企業に対する志望動機の明確さの評価である．

　4 つの評価基準の重みの配分はすべて均等とし，

$$W = \begin{matrix} C1 \\ C2 \\ C3 \\ C4 \end{matrix} \begin{bmatrix} 0.250 \\ 0.250 \\ 0.250 \\ 0.250 \end{bmatrix} \tag{5.27}$$

とした．

　面接実施時の評価の尺度は，「よい」，「ややよい」，「やや悪い」，「悪い」に設定し，この 4 段階の尺度を用いて記述的な評価を行った．表 5.6 に 4 段階の

5.4 評価値一斉法の適用例

評価尺度の一対比較行列と評価尺度の重みを表す．また，**表 5.7** に 4 人の面接官の被面接者の評価結果を示す．

表 5.6 評価尺度の一対比較行列と重み

	よい	ややよい	やや悪い	悪い	尺度の重み
よい	1	3	5	7	0.565
ややよい	$\frac{1}{3}$	1	3	5	0.262
やや悪い	$\frac{1}{5}$	$\frac{1}{3}$	1	3	0.118
悪い	$\frac{1}{7}$	$\frac{1}{5}$	$\frac{1}{3}$	1	0.055

表 5.7 面接結果

面接官 1	印象	礼儀	対応力	動機
A1	よい	よい	よい	ややよい
A2	よい	よい	やや悪い	悪い
A3	よい	ややよい	ややよい	やや悪い
A4	ややよい	やや悪い	やや悪い	悪い

面接官 2	印象	礼儀	対応力	動機
A1	よい	よい	よい	ややよい
A2	やや悪い	やや悪い	ややよい	ややよい
A3	やや悪い	悪い	ややよい	ややよい
A4	悪い	やや悪い	悪い	悪い

面接官 3	印象	礼儀	対応力	動機
A1	よい	ややよい	やや悪い	ややよい
A2	ややよい	ややよい	悪い	やや悪い
A3	やや悪い	やや悪い	やや悪い	悪い
A4	悪い	やや悪い	悪い	やや悪い

面接官 4	印象	礼儀	対応力	動機
A1	ややよい	よい	よい	よい
A2	ややよい	やや悪い	やや悪い	悪い
A3	ややよい	やや悪い	やや悪い	悪い
A4	やや悪い	悪い	悪い	悪い

第5章 支配型 AHP と一斉法の適用例

表5.7 の記述的な評価に表5.6 の尺度の重みを当てはめ，4人の面接者の被面接者に対する評価値の初期値を評価値一斉法によって導出すると，式(5.28)～式(5.31)のようになる．

$$M_{A1}^{(1)} = \begin{array}{c} A1 \\ A2 \\ A3 \\ A4 \end{array} \begin{bmatrix} 1 & 1 & 1 & 1 \\ 0.464 & 1 & 0.471 & 0.448 \\ 0.208 & 0.448 & 1 & 0.211 \\ 0.098 & 0.448 & 0.471 & 0.211 \end{bmatrix} \tag{5.28}$$

$$M_{A2}^{(1)} = \begin{array}{c} A1 \\ A2 \\ A3 \\ A4 \end{array} \begin{bmatrix} 1 & 4.808 & 4.808 & 10.204 \\ 1 & 1 & 1 & 1 \\ 1 & 1 & 1 & 1 \\ 0.448 & 0.471 & 0.471 & 1 \end{bmatrix} \tag{5.29}$$

$$M_{A3}^{(1)} = \begin{array}{c} A1 \\ A2 \\ A3 \\ A4 \end{array} \begin{bmatrix} 4.808 & 10.204 & 2.155 & 1 \\ 1 & 2.122 & 1 & 1 \\ 1 & 1 & 1 & 1 \\ 0.471 & 2.122 & 0.211 & 0.211 \end{bmatrix} \tag{5.30}$$

$$M_{A4}^{(1)} = \begin{array}{c} A1 \\ A2 \\ A3 \\ A4 \end{array} \begin{bmatrix} 2.165 & 4.808 & 4.808 & 4.714 \\ 2.165 & 4.808 & 1 & 1 \\ 2.165 & 2.221 & 2.221 & 0.2122 \\ 1 & 1 & 1 & 1 \end{bmatrix} \tag{5.31}$$

次に，評価値一斉法を適用した収束値を示す．

$$M_{A1} = \begin{array}{c} A1 \\ A2 \\ A3 \\ A4 \end{array} \begin{bmatrix} 1 & 1 & 1 & 1 \\ 0.492 & 0.438 & 0.308 & 0.306 \\ 0.406 & 0.240 & 0.44 & 0.306 \\ 0.187 & 0.201 & 0.177 & 0.158 \end{bmatrix} \tag{5.32}$$

5.4 評価値一斉法の適用例

$$M_{A2} = \begin{array}{c} A1 \\ A2 \\ A3 \\ A4 \end{array} \begin{bmatrix} 2.034 & 2.281 & 3.243 & 3.271 \\ 1 & 1 & 1 & 1 \\ 0.825 & 0.548 & 1.426 & 1 \\ 0.380 & 0.459 & 0.575 & 0.518 \end{bmatrix} \quad (5.33)$$

$$M_{A3} = \begin{array}{c} A1 \\ A2 \\ A3 \\ A4 \end{array} \begin{bmatrix} 2.466 & 4.162 & 2.274 & 3.270 \\ 1.213 & 1.824 & 0.701 & 1 \\ 1 & 1 & 1 & 1 \\ 0.461 & 0.838 & 0.403 & 0.518 \end{bmatrix} \quad (5.34)$$

$$M_{A4} = \begin{array}{c} A1 \\ A2 \\ A3 \\ A4 \end{array} \begin{bmatrix} 5.348 & 4.969 & 5.644 & 6.311 \\ 2.629 & 2.178 & 1.741 & 1.93 \\ 2.169 & 1.194 & 2.482 & 1.93 \\ 1 & 1 & 1 & 1 \end{bmatrix} \quad (5.35)$$

ここで，式(5.32)～式(5.35)を評価基準ごとに列和1に正規化すると，いずれも，

$$M = \begin{array}{c} A1 \\ A2 \\ A3 \\ A4 \end{array} \begin{bmatrix} 0.48 & 0.532 & 0.519 & 0.565 \\ 0.236 & 0.233 & 0.16 & 0.173 \\ 0.195 & 0.128 & 0.228 & 0.173 \\ 0.09 & 0.107 & 0.092 & 0.09 \end{bmatrix} \quad (5.36)$$

となっており，被面接者の評価値を統一することができる．そして，式(5.36)の評価値 M と式(5.27)の評価基準 W との積によって得られる最終的な評価値 E は，

第 5 章　支配型 AHP と一斉法の適用例

$$E = MW = \begin{bmatrix} 0.48 & 0.532 & 0.519 & 0.565 \\ 0.236 & 0.233 & 0.16 & 0.173 \\ 0.195 & 0.128 & 0.228 & 0.173 \\ 0.09 & 0.107 & 0.092 & 0.09 \end{bmatrix} \begin{bmatrix} 0.250 \\ 0.250 \\ 0.250 \\ 0.250 \end{bmatrix} = \begin{bmatrix} 0.524 \\ 0.201 \\ 0.181 \\ 0.095 \end{bmatrix} \quad (5.37)$$

となり，被面接者の順位と最終的な評価値が得られ，A1(0.524) > A2(0.201) > A3(0.181) > A4(0.095) の順になっていることがわかる．

第 5 章の参考文献

[1]　杉浦伸，木下栄蔵：「AHP を適用した通学バス利用意識調査」，『土木計画学研究・論文集』，Vol.23，pp.103-110，2006．

[2]　杉浦伸，木下栄蔵：「評価値一斉法を適用した集団面接評価」，『都市情報学研究』，No.12，pp.73-78，2007．

第 6 章
超一対比較行列の提案

6.1 はじめに

本章では，支配代替案法，多重支配代替案法の評価過程で表れる一対比較に注目し，それらを1つの一対比較行列として表現する超一対比較法[1], [2]を紹介する．

まず 6.2 節では，第4章で紹介した支配型 AHP について，それぞれの評価値を一対比較により求めるという観点から説明し直す．本著では，支配代替案が1つの支配型 AHP を支配代替案法，支配代替案が複数ある支配型 AHP を多重支配代替案法と呼ぶ．

6.3 節では，6.2 節に現れる一対比較を1つの一対比較行列として表現する超一対比較行列を提案する．支配型 AHP により作られる超一対比較行列は，不完全一対比較行列である．

そこで，6.4 節では超一対比較行列から評価値を計算する方法として，対数最小二乗法と Harker 法[3] を説明する．

6.2 一対比較をもとにした支配型 AHP

評価基準 $c(c = 1, \cdots, C)$ における代替案 $a(a = 1, \cdots, A)$ の真の絶対的重要度を v_{ca} とする．AHP では，最終的には代替案 a の総合評価値 $v_a = \sum_{c=1}^{C} v_{ca}$ の(各代替案間の)相対値を求めることを目標としている．以下では，支配代替案法と幾何平均多重支配代替案法を，5.2 節で用いた例により説明する．

第6章 超一対比較行列の提案

(1) 支配代替案法

第3章で説明した支配代替案法において,ステップ2およびステップ4での重要度の決定を,一対比較をもとに幾何平均法により計算することにして記述する.幾何平均法では,一対比較行列の各行の幾何平均を対応する要素の相対的重要度とする.

ステップ1:評価構造の決定

評価の対象とする最終目標,評価基準,代替案からなる評価構造を決定する.

例題として,図5.1の階層図で示した,「都市の住環境評価」を総合目的として,「Ⅰ:交通」,「Ⅱ:財政」,「Ⅲ:文化」の3つを評価基準,「1:A市」,「2:B市」,「3:C市」,「4:D市」の4つを代替案とする.

ステップ2:支配代替案を代表とした代替案の相対的重要度の決定

まず,評価基準の重要度を評価するベンチマークとして使用する支配代替案 d を決定する.評価基準 c の重要度 u_c^d を,支配代替案 d を代表として,評価基準間の一対比較をもとに一対比較法により求める.評価基準 c の重要度 u_c^d は幾何平均法により計算することとする.ここで,u_c^d は $\sum_{c=1}^{C} u_c^d = 1$(合計値が1)となるように正規化する.

本例では,支配代替案を代替案1:A市とする.

表5.1に示されているように,評価基準間の一対比較行列は,以下に示すようになる.

$$R_1^C = \begin{array}{c} \\ 交通 \\ 財政 \\ 文化 \end{array} \begin{array}{c} 交通 \quad 財政 \quad 文化 \end{array} \left(\begin{array}{ccc} 1 & 3 & 3 \\ \dfrac{1}{3} & 1 & 1 \\ \dfrac{1}{3} & 1 & 1 \end{array} \right) \quad (6.1)$$

6.2 一対比較をもとにした支配型 AHP

一対比較行列 R_1^C の第 c ($c =$ I, ⋯, Ⅲ) 行の幾何平均が，評価基準 c ($c =$ I, ⋯, Ⅲ) の重要度 u_c^1 となる．ここで，u_c^1 は $\sum_{c=1}^{C} u_c^1 = 1$（合計値が 1）となるように正規化する．

$$\sqrt[3]{1 \times 3 \times 3} = 2.080, \quad \sqrt[3]{\frac{1}{3} \times 1 \times 1} = 0.693, \quad \sqrt[3]{\frac{1}{3} \times 1 \times 1} = 0.693$$

$$2.080 + 0.693 + 0.693 = 3.467$$

より，

$$\begin{pmatrix} u_\mathrm{I}^1 \\ u_\mathrm{II}^1 \\ u_\mathrm{III}^1 \end{pmatrix} = \frac{1}{3.467} \begin{pmatrix} 2.080 \\ 0.693 \\ 0.693 \end{pmatrix} = \begin{pmatrix} 0.6 \\ 0.2 \\ 0.2 \end{pmatrix}$$

となる．

ステップ 3：各評価基準における代替案の相対的重要度の決定

評価基準 c における代替案 a の相対的重要度 $u_{ca} = \alpha_c v_{ca}$（ただし α_c は定数）を求める．u_{ca} は，評価基準 c における代替案間の一対比較をもとに，一対比較法により求めるものとする．代替案 a の相対的重要度 u_{ca} は，幾何平均法により計算することとする．

各評価基準における代替案間の一対比較は，表 5.2 に示されているが，一対比較行列の形で次式の R_I^A, R_II^A, R_III^A として示す．

$$R_\mathrm{I}^A = \begin{array}{c} \\ \text{A市} \\ \text{B市} \\ \text{C市} \\ \text{D市} \end{array} \begin{pmatrix} \text{A市} & \text{B市} & \text{C市} & \text{D市} \\ 1 & 3 & 5 & 9 \\ \frac{1}{3} & 1 & 5 & 7 \\ \frac{1}{5} & \frac{1}{5} & 1 & 5 \\ \frac{1}{9} & \frac{1}{7} & \frac{1}{5} & 1 \end{pmatrix} \quad (6.2)$$

交通

第6章 超一対比較行列の提案

$$R_{II}^{A} = \begin{array}{c} \text{財政} \\ \text{A市} \\ \text{B市} \\ \text{C市} \\ \text{D市} \end{array} \begin{pmatrix} \text{A市} & \text{B市} & \text{C市} & \text{D市} \\ 1 & \frac{1}{5} & 5 & \frac{1}{3} \\ 5 & 1 & 5 & 3 \\ \frac{1}{3} & \frac{1}{5} & 1 & \frac{1}{3} \\ 3 & \frac{1}{3} & 3 & 1 \end{pmatrix} \tag{6.3}$$

$$R_{III}^{A} = \begin{array}{c} \text{文化} \\ \text{A市} \\ \text{B市} \\ \text{C市} \\ \text{D市} \end{array} \begin{pmatrix} \text{A市} & \text{B市} & \text{C市} & \text{D市} \\ 1 & 3 & \frac{1}{5} & \frac{1}{3} \\ \frac{1}{3} & 1 & \frac{1}{5} & \frac{1}{7} \\ 5 & 5 & 1 & 1 \\ 3 & 7 & 1 & 1 \end{pmatrix} \tag{6.4}$$

評価基準 $c(c = I, \cdots, III)$ における代替案間の一対比較の結果得られた一対比較行列 R_c^A, $c = I, \cdots, III$ の第 $a(a = 1, \cdots, 4)$ 行の幾何平均が，評価基準 $c(c = I, \cdots, III)$ における代替案 a の相対的重要度 u_{ca} になる．

例えば，評価基準 I（交通）における代替案 1（A市）の相対的重要度 u_{I1} は，R_I^A の第 1 行の幾何平均を計算することにより，$u_{I1} = \sqrt[4]{1 \times 3 \times 5 \times 9} = 3.4087$ となる．同様に，幾何平均により計算した結果を表 6.1 に示す．

表 6.1 各評価基準における代替案の相対重要度

	I：交通	II：財政	III：文化
1：A市	3.4087	0.6687	0.6687
2：B市	1.8481	2.9428	0.3124
3：C市	0.6687	0.3861	2.2361
4：D市	0.2374	1.3161	2.1407

ステップ 4：支配代替案による正規化

代替案 d を支配代替案とする．この場合，評価基準 c における代替案 a の重

要度 u_{ca} は，支配代替案 d の重要度 u_{cd} により正規化し，その値を $u_{ca}^d(=\dfrac{u_{ca}}{u_{cd}})$ とする．

代替案 1：A 市を支配代替案としたので，評価基準 c における代替案 a の重要度 u_{ca} は，支配代替案（代替案 1：A 市）の重要度 u_{c1} により正規化され，その値を $u_{ca}^1(=\dfrac{u_{ca}}{u_{c1}})$ とする．例えば，評価基準 I：交通における代替案 2：B 市の評価値は，$u_{\mathrm{I}2}^1=\dfrac{u_{\mathrm{I}2}}{u_{\mathrm{I}1}}=\dfrac{1.8481}{3.4087}=0.5422$ と正規化される．同様に正規化した値を表 6.2 に示す．

表 6.2 正規化した各評価基準における代替案の評価値

	I：交通	II：財政	III：文化
1：A 市	1.0000	1.0000	1.0000
2：B 市	0.5422	4.4006	0.4671
3：C 市	0.1962	0.5774	3.3437
4：D 市	0.0696	1.9680	3.2011

ステップ 5：総合評価値の計算

ステップ 2，4 で得られた u_c^1，u_{ca}^1 から，代替案 a の評価基準 c における評価値 $u_c^1 u_{ca}^1$ を足し合わせ，代替案 a の総合評価値 $u_a=\displaystyle\sum_{c=1}^{C} u_c^1 u_{ca}^1$ を求める．

代替案 a の総合評価値 u_a を表 6.3 に示す．ステップ 2，4 の正規化より，$u_1=1$ となる．つまり，支配代替案 d の総合評価値が 1 となるように正規化されている．

第6章 超一対比較行列の提案

表 6.3 代替案の総合評価値

	Ⅰ：交通	Ⅱ：財政	Ⅲ：文化	総合評価値
1：A市	0.600	0.200	0.200	1.000
2：B市	0.325	0.880	0.093	1.299
3：C市	0.118	0.116	0.669	0.902
4：D市	0.042	0.394	0.640	1.076

表6.3の結果より，B市 (1.299) ＞ D市 (1.076) ＞ A市 (1) ＞ C市 (0.902) と優先順位付けできる．

(2) 幾何平均多重支配代替案法

支配代替案を複数考えたものが，多重支配代替案法である．支配代替案を複数考える場合，それぞれの支配代替案による評価が必ずしも整合的となるとは限らないので，幾何平均により評価値を統合し総合評価値を得るのが幾何平均多重支配代替案法である．

代替案 d' を支配代替案とした評価基準 $c(c = 1, \cdots, C)$ の重要度 $u_c^{d'}$ は，以下に示す式 (6.5) により代替案 d を支配代替案とした評価基準 $c(c = 1, \cdots, C)$ の重要度 $u_c^{d(d')}$ に変換される．

$$u_c^{d(d')} = \frac{\dfrac{u_c^{d'} u_{dc}}{u_{d'c}}}{\sum_{c'} \dfrac{u_{c'}^{d'} u_{d'c'}}{u_{d'c'}}} \tag{6.5}$$

それぞれの支配代替案による評価が整合的であれば，$u_c^{d(d')}$ は d' によらず一致するが，必ずしも整合的となるとは限らないので，$u_c^{d(d')}$ の幾何平均により評価値を統合し，総合評価値を得るのが幾何平均多重支配代替案法である．

新たに代替案3：C市を支配代替案とする．表5.3に示されているように，評価基準間の一対比較行列は，式 (6.6) に示す R_3^C のようになる．

6.2 一対比較をもとにした支配型 AHP

$$R_3^C = \begin{array}{c} \\ \text{交通} \\ \text{財政} \\ \text{文化} \end{array} \begin{pmatrix} \overset{\text{交通}}{1} & \overset{\text{財政}}{\frac{1}{5}} & \overset{\text{文化}}{\frac{1}{9}} \\ 5 & 1 & \frac{1}{5} \\ 9 & 5 & 1 \end{pmatrix} \quad (6.6)$$

支配代替案3：C市を代表として評価基準間の一対比較をもとに得られた一対比較行列 R_3^C の第 $c(c = \text{I}, \cdots, \text{III})$ 行の幾何平均が，評価基準 $c(c = \text{I}, \cdots, \text{III})$ の重要度 u_c^3 となる．ここで，u_c^3 は $\sum_{c=1}^{C} u_c^3 = 1$（合計値が1）となるように正規化する．

$$\sqrt[3]{1 \times \frac{1}{5} \times \frac{1}{9}} = 0.281, \quad \sqrt[3]{5 \times 1 \times \frac{1}{5}} = 1, \quad \sqrt[3]{9 \times 5 \times 1} = 3.557$$

$$0.281 + 1 + 3.557 = 4.838$$

より，

$$\begin{pmatrix} u_{\text{I}}^3 \\ u_{\text{II}}^3 \\ u_{\text{III}}^3 \end{pmatrix} = \frac{1}{4.838} \begin{pmatrix} 0.281 \\ 1 \\ 3.557 \end{pmatrix} = \begin{pmatrix} 0.058 \\ 0.207 \\ 0.735 \end{pmatrix}$$

となる．

表6.4の3：C市の列の値が $\dfrac{u_{3c}}{u_{1c}}$ であるから，支配代替案3：C市の評価値は，式(6.5)により，$u_c^{1(3)}$ は以下のように計算できる．

第6章 超一対比較行列の提案

$$\begin{pmatrix} u_{\mathrm{I}}^{1(3)} \\ u_{\mathrm{II}}^{1(3)} \\ u_{\mathrm{III}}^{1(3)} \end{pmatrix} = \begin{pmatrix} \dfrac{\frac{0.058}{0.196}}{\frac{0.058}{0.196} + \frac{0.207}{0.193} + \frac{0.735}{1.115}} \\ \dfrac{\frac{0.207}{0.193}}{\frac{0.058}{0.196} + \frac{0.207}{0.193} + \frac{0.735}{1.115}} \\ \dfrac{\frac{0.735}{1.115}}{\frac{0.058}{0.196} + \frac{0.207}{0.193} + \frac{0.735}{1.115}} \end{pmatrix} = \begin{pmatrix} 0.339 \\ 0.410 \\ 0.252 \end{pmatrix}$$

以下に示すように,$u_c^{1(1)}$と$u_c^{1(3)}$の幾何平均をとることにより支配代替案を代替案1：A市としたときの,評価基準$c(c = \mathrm{I}, \cdots, \mathrm{III})$の重要度$u_c^{G1}$が計算できる.

$$\begin{pmatrix} u_{\mathrm{I}}^{G1} \\ u_{\mathrm{II}}^{G1} \\ u_{\mathrm{III}}^{G1} \end{pmatrix} = \begin{pmatrix} \dfrac{\sqrt{0.6 \times 0.339}}{\sqrt{0.6 \times 0.339} + \sqrt{0.2 \times 0.410} + \sqrt{0.2 \times 0.252}} \\ \dfrac{\sqrt{0.2 \times 0.410}}{\sqrt{0.6 \times 0.339} + \sqrt{0.2 \times 0.410} + \sqrt{0.2 \times 0.252}} \\ \dfrac{\sqrt{0.2 \times 0.252}}{\sqrt{0.6 \times 0.339} + \sqrt{0.2 \times 0.410} + \sqrt{0.2 \times 0.252}} \end{pmatrix} = \begin{pmatrix} 0.469 \\ 0.298 \\ 0.233 \end{pmatrix}$$

表6.4のu_{ca}^1と上記u_c^{G1}から,代替案aの評価基準cにおける評価値$u_c^{G1}u_{ca}^1$を足し合わせ,代替案aの総合評価値$u_a = \sum_{c=1}^{C} u_c^{G1}u_{ca}^1$を求める.代替案$a$の総合評価値$u_a$を表6.4に示す.正規化より$u_1 = 1$となる.支配代替案$d$の総合評価値が1となるように正規化されている.

表 6.4　代替案の総合評価値

	I：交通	II：財政	III：文化	総合評価値
1：A市	0.469	0.298	0.233	1.000
2：B市	0.254	1.310	0.109	1.673
3：C市	0.092	0.172	0.780	1.044
4：D市	0.033	0.586	0.747	1.365

表 6.4 の結果より，B市 (1.673) ＞ D市 (1.365) ＞ C市 (1.044) ＞ A市 (1) と優先順位付けできる．

6.3　超一対比較行列

評価基準 c' における代替案 a' の重要度 $v_{c'a'}$ に比較した，評価基準 c における代替案 a の重要度 v_{ca} の相対比較値 $r_{c'a'}^{ca}$ を (CA × CA) あるいは (AC × AC) の行列として並べたものを，超一対比較行列 $R = (r_{c'a'}^{ca})$ として提案する．ここで，(CA × CA) は代替案の添え字 a を先に変化させることを，(AC × AC) は評価基準の添え字 c を先に変化させることを表す．つまり $r_{c'a'}^{ca}$ は，(CA × CA) においては $(c-1)$A+a 行 $(c'-1)$A+a' 列の要素となり，(AC × AC) においては $(a-1)$C+c 行 $(a'-1)$C+c' 列の要素となる．

超一対比較行列においても，一対比較行列と同様に，対称な成分は逆数の関係にあり，対角成分は 1 であり，以下の関係が成立している．

一対比較 $r_{ca}^{c'a'}$ が存在する場合，

$$r_{ca}^{c'a'} = \frac{1}{r_{c'a'}^{ca}} \tag{6.7}$$

$$r_{ca}^{ca} = 1 \tag{6.8}$$

支配代替案法のステップ 2 で実施される一対比較は，支配代替案を d として，評価基準 c' における代替案 d の重要度 $v_{c'd}$ に比較した評価基準 c における，代替案 d の重要度 v_{cd} の相対比較 $r_{c'd}^{cd}$ である．

第6章 超一対比較行列の提案

$$
\begin{array}{c|ccccccccccc}
 & \begin{array}{c}\text{I}\\1\end{array} & \begin{array}{c}\text{I}\\2\end{array} & \begin{array}{c}\text{I}\\3\end{array} & \begin{array}{c}\text{II}\\1\end{array} & \begin{array}{c}\text{II}\\2\end{array} & \begin{array}{c}\text{II}\\3\end{array} & \begin{array}{c}\text{III}\\1\end{array} & \begin{array}{c}\text{III}\\2\end{array} & \begin{array}{c}\text{III}\\3\end{array} & \begin{array}{c}\text{IV}\\1\end{array} & \begin{array}{c}\text{IV}\\2\end{array} & \begin{array}{c}\text{IV}\\3\end{array} \\
\hline
\text{I }1 & 1 & * & * & & & & \# & & & \# & & \\
\text{I }2 & * & 1 & * & & & & & & & & & \\
\text{I }3 & * & * & 1 & & & & & & & & & \\
\text{II }1 & \# & & & 1 & * & * & \# & & & \# & & \\
\text{II }2 & & & & * & 1 & * & & & & & & \\
\text{II }3 & & & & * & * & 1 & & & & & & \\
\text{III }1 & \# & & & \# & & & 1 & * & * & \# & & \\
\text{III }2 & & & & & & & * & 1 & * & & & \\
\text{III }3 & & & & & & & * & * & 1 & & & \\
\text{IV }1 & \# & & & \# & & & \# & & & 1 & * & * \\
\text{IV }2 & & & & & & & & & & * & 1 & * \\
\text{IV }3 & & & & & & & & & & * & * & 1 \\
\end{array}
$$

図 6.1 支配代替案法の超一対比較行列（CA × CA）

$$
\begin{array}{c|cccccccccccc}
 & \begin{array}{c}\text{I}\\1\end{array} & \begin{array}{c}\text{II}\\1\end{array} & \begin{array}{c}\text{III}\\1\end{array} & \begin{array}{c}\text{IV}\\1\end{array} & \begin{array}{c}\text{I}\\2\end{array} & \begin{array}{c}\text{II}\\2\end{array} & \begin{array}{c}\text{III}\\2\end{array} & \begin{array}{c}\text{IV}\\2\end{array} & \begin{array}{c}\text{I}\\3\end{array} & \begin{array}{c}\text{II}\\3\end{array} & \begin{array}{c}\text{III}\\3\end{array} & \begin{array}{c}\text{IV}\\3\end{array} \\
\hline
\text{I }1 & 1 & \# & \# & \# & * & & & & * & & & \\
\text{II }1 & \# & 1 & \# & \# & & * & & & & * & & \\
\text{III }1 & \# & \# & 1 & \# & & & * & & & & * & \\
\text{IV }1 & \# & \# & \# & 1 & & & & * & & & & * \\
\text{I }2 & * & & & & 1 & & & & * & & & \\
\text{II }2 & & * & & & & 1 & & & & * & & \\
\text{III }2 & & & * & & & & 1 & & & & * & \\
\text{IV }2 & & & & * & & & & 1 & & & & * \\
\text{I }3 & * & & & & * & & & & 1 & & & \\
\text{II }3 & & * & & & & * & & & & 1 & & \\
\text{III }3 & & & * & & & & * & & & & 1 & \\
\text{IV }3 & & & & * & & & & * & & & & 1 \\
\end{array}
$$

図 6.2 支配代替案法の超一対比較行列（AC × AC）

6.3 超一対比較行列

```
          I  I  I  II II II III III III IV IV IV
          1  2  3  1  2  3  1   2   3   1  2  3
     I 1 / 1  *  *  #           #           #         \
     I 2 | *  1  *     #           #        #         |
     I 3 | *  *  1        #           #              #|
    II 1 | #        1  *  *           #               |
    II 2 |    #     *  1  *     #              #      |
    II 3 |       #  *  *  1           #              #|
   III 1 | #        #        1  *  *  #               |
   III 2 |    #        #     *  1  *     #            |
   III 3 |       #        #  *  *  1                 #|
    IV 1 | #           #           #  1  *  *         |
    IV 2 |    #           #        #  *  1  *         |
    IV 3 \       #           #        #  *  *  1     /
```

図 6.3　多重支配代替案法の超一対比較行列（CA × CA）

```
          I  II III IV I  II III IV I  II III IV
          1  1  1   1  2  2  2   2  3  3  3   3
     I 1 / 1  #  #   #  *           *                 \
    II 1 | #  1  #   #     *           *              |
   III 1 | #  #  1   #        *           *           |
    IV 1 | #  #  #   1           *           *        |
     I 2 | *            1  #  #   #  *                |
    II 2 |    *         #  1  #   #     *             |
   III 2 |       *      #  #  1   #        *          |
    IV 2 |          *   #  #  #   1           *       |
     I 3 | *            *            1  #  #   #      |
    II 3 |    *            *         #  1  #   #      |
   III 3 |       *            *      #  #  1   #      |
    IV 3 \          *            *   #  #  #   1     /
```

図 6.4　多重支配代替案法の超一対比較行列（AC × AC）

95

第6章　超一対比較行列の提案

　支配代替案法のステップ3で実施される一対比較は，評価基準 c において，代替案 a' の重要度 $v_{ca'}$ に比較した代替案 a の重要度 v_{ca} の相対比較値 $r_{ca'}^{ca}$ で構成される．

　代替案 3(1-3)，評価基準 4(Ⅰ-Ⅳ) のときに，支配代替案を代替案 1 とした場合の支配代替案法における，(CA × CA) の超一対比較行列を図 6.1 に，(AC × AC) の超一対比較行列を図 6.2 に示す．

　図 6.1 および図 6.2 において，＊はステップ 1 で実施された代替案間の一対比較を表し，＃はステップ 3 で実施された評価基準間の一対比較を表す．

　代替案 3(1-3)，評価基準 4(Ⅰ-Ⅳ) のときに，すべての代替案を支配代替案とした場合の多重支配代替案法における，(CA × CA) の超一対比較行列を図 6.3 に，(AC × AC) の超一対比較行列を図 6.4 に示す．

　図 6.3 および図 6.4 において，＊は各評価基準における代替案間の一対比較を表し，＃は各代替案を支配代替案とした評価基準間の一対比較を表す．

6.4　超一対比較行列の計算

　支配代替案法や多重支配代替案法に現れる超一対比較行列は，不完全一対比較行列なので，超一対比較行列における評価値の計算方法は，誤差モデルに基づく対数最小二乗法か，Harker 法や二段階法などの固有値法により計算できる．

　本節では，不完全一対比較行列 $R = (r_{ij})$ から評価値 $x_i (i=1, \cdots, n)$ を計算する方法を説明する．ここで r_{ij} は，i 番目の要素の評価値を j 番目の要素の評価値と比較した一対比較値である．(1) 項で対数最小二乗法を，(2) 項で Harker 法を説明する．

(1)　対数最小二乗法

　対数最小二乗法では，一対比較値に対して次式のような誤差モデルを仮定する．

$$r_{ij} = \frac{x_i}{x_j} \varepsilon_{ij}. \tag{6.9}$$

ここで，両辺の対数(底は e とする)をとることにより，

$$\log r_{ij} = \log x_i - \log x_j + \log \varepsilon_{ij} \tag{6.10}$$

となる．今後，式を簡潔にするため，$\dot{r}_{ij} = \log r_{ij}$, $\dot{x}_i = \log x_i$, $\dot{\varepsilon}_{ij} = \log \varepsilon_{ij}$ と，対数をドットで表すことにより，式(6.9)は，

$$\dot{r}_{ij} = \dot{x}_i - \dot{x}_j + \dot{\varepsilon}_{ij} \tag{6.11}$$

となる．

一対比較 r_{ij} が存在する場合

$$r_{ij} = \frac{1}{r_{ji}} \tag{6.12}$$

の関係が成立するので，

$$\dot{r}_{ij} = -\dot{r}_{ji} \tag{6.13}$$

となる．したがって，$i < j$ となる $\dot{r}_{ij}$ だけを考えればよい．また一対比較を基にしているので，x_i を定数倍したもの(つまり $\dot{x}_i$ に定数を加えたもの)は，すべて推定値となる．ここでは簡単にするため $x_1 = 1 (\dot{x}_1 = 0)$ とし，得られた値を定数倍する．

式(6.11)を縦に並べ，行列表現をすることにより，

$$\dot{\mathbf{r}} = \mathbf{S}\dot{\mathbf{x}} + \dot{\boldsymbol{\varepsilon}} \tag{6.14}$$

となる．ここで $\dot{\mathbf{r}}$ は実際に一対比較を行った $\dot{r}_{ij}(i<j)$ を縦に並べた列ベクトル，$\mathbf{S}$ は $\dot{r}_{ij}$ に対応する行の第 $i-1$ 列が $1 (i-1$ の場合はなにもしない)，第 $j-1$ 列が -1，その他のその行の要素は 0 になっている行列，$\dot{\mathbf{x}} = (\dot{x}_i) (i = 2, \cdots, n)$，$\dot{\boldsymbol{\varepsilon}}$ は $\dot{r}_{ij}$ に対応する行に $\dot{\varepsilon}_{ij}$ を並べた列ベクトルである．

式(6.14)は線形回帰モデルであり，最小二乗法により，

$$\hat{\mathbf{x}} = (\mathbf{S}^T\mathbf{S})^{-1}\mathbf{S}^T\dot{\mathbf{r}} \tag{6.15}$$

と計算することにより，評価値を求めることができる．以上の方法を式(6.9)において対数をとったうえで最小二乗法を適用することから，対数最小二乗法と呼ぶ．

(2) Harker 法

　Harker 法では，一対比較行列 H を対角成分の値をその行の欠落部分の数 +1 に設定することにより，後は通常の固有値法により評価値を求める．固有値および固有ベクトルは，H に適当な要素数 CA の初期ベクトルからベクトルを掛けて正規化することを，一定値に収束するまで繰り返すべき乗法により求めることができる．

第 6 章の参考文献

[1] T. Ohya, and E. Kinoshita : "Proposal of Super Pairwise Comparison Matrix", In J. Watada *et al* (eds.) *Intelligent Decision Technologies*, (Smart Innovation, Systems and Technologies 10), pp.247-254, Springer-Verlag, Berlin Heidelberg, 2011.

[2] T. Ohya, and E. Kinoshita : "Super Pairwise Comparison Matrix in the Multiple Dominant AHP", In J. Watada *et al* (eds.) *Intelligent Decision Technologies*, Vol.1, (Smart Innovation, Systems and Technologies 15), pp.319-327, Springer-Verlag, Berlin Heidelberg, 2012.

[3] P. T. Harker : "Incomplete pairwise comparisons in the Analytic Hierarchy Process", *Mathematical Modeling*, Vol. 9, pp. 837-848, 1987.

第 7 章
超一対比較行列の適用例

7.1 はじめに

本章では，5.2 節の例題について，超一対比較行列を用いた計算例を示す．まず 7.2 節では，支配代替案法の例題について，(1) 項で対数最小二乗法，(2) 項で Harker 法により計算した例を示し，(3) 項で，第 5，6 章での計算例を含めて比較を行う．7.3 節では，多重支配代替案法の例題について，(1) 項で対数最小二乗法，(2) 項で Harker 法により計算した例を示し，(3) 項で第 5 章，第 6 章での計算例を含めて比較を行う．

7.2 支配代替案法での超一対比較行列の計算例

5.2 節で示した例題を用いて，超一対比較行列を用いた計算例を示す．本例題では，「都市の住環境評価」を総合目的とし，「Ⅰ：交通」，「Ⅱ：財政」，「Ⅲ：文化」の 3 つの評価基準と「1：A 市」，「2：B 市」，「3：C 市」，「4：D 市」の 4 つの代替案(評価対象)，A 市を評価基準間の重要度を判断するベンチマークとして使用する支配代替案としている．

表 5.1 に示されているように，評価基準間の一対比較行列は以下に示す R_1^C のようになる．

第7章 超一対比較行列の適用例

$$R_{\mathrm{I}}^{C} = \begin{array}{c} \\ 交通 \\ 財政 \\ 文化 \end{array} \begin{pmatrix} 交通 & 財政 & 文化 \\ 1 & 3 & 3 \\ \dfrac{1}{3} & 1 & 1 \\ \dfrac{1}{3} & 1 & 1 \end{pmatrix} \quad (7.1)$$

各評価基準における代替案間の一対比較は，表 5.2 に示されているが，一対比較行列の形で，次式の R_{I}^{A}, R_{II}^{A}, R_{III}^{A} として示す．

$$R_{\mathrm{I}}^{A} = \begin{array}{c} 交通 \\ A市 \\ B市 \\ C市 \\ D市 \end{array} \begin{pmatrix} A市 & B市 & C市 & D市 \\ 1 & 3 & 5 & 9 \\ \dfrac{1}{3} & 1 & 5 & 7 \\ \dfrac{1}{5} & \dfrac{1}{5} & 1 & 5 \\ \dfrac{1}{9} & \dfrac{1}{7} & \dfrac{1}{5} & 1 \end{pmatrix} \quad (7.2)$$

$$R_{\mathrm{II}}^{A} = \begin{array}{c} 財政 \\ A市 \\ B市 \\ C市 \\ D市 \end{array} \begin{pmatrix} A市 & B市 & C市 & D市 \\ 1 & \dfrac{1}{5} & 3 & \dfrac{1}{3} \\ 5 & 1 & 5 & 3 \\ \dfrac{1}{3} & \dfrac{1}{5} & 1 & \dfrac{1}{3} \\ 3 & \dfrac{1}{3} & 3 & 1 \end{pmatrix} \quad (7.3)$$

$$R_{\mathrm{III}}^{A} = \begin{array}{c} 文化 \\ A市 \\ B市 \\ C市 \\ D市 \end{array} \begin{pmatrix} A市 & B市 & C市 & D市 \\ 1 & 3 & \dfrac{1}{5} & \dfrac{1}{3} \\ \dfrac{1}{3} & 1 & \dfrac{1}{5} & \dfrac{1}{7} \\ 5 & 5 & 1 & 1 \\ 3 & 7 & 1 & 1 \end{pmatrix} \quad (7.4)$$

式(7.1)～式(7.4)を1つの一対比較行列としてまとめた，超一対比較行列を

7.2 支配代替案法での超一対比較行列の計算例

(CA × CA) 行列として表現した R を以下に示す.

$$
R = \begin{pmatrix}
 & \text{I1} & \text{I2} & \text{I3} & \text{I4} & \text{II1} & \text{II2} & \text{II3} & \text{II4} & \text{III1} & \text{III2} & \text{III3} & \text{III4} \\
\text{I1} & 1 & 3 & 5 & 9 & 3 & & & & 3 & & & \\
\text{I2} & \frac{1}{3} & 1 & 5 & 7 & & & & & & & & \\
\text{I3} & \frac{1}{5} & \frac{1}{5} & 1 & 5 & & & & & & & & \\
\text{I4} & \frac{1}{9} & \frac{1}{7} & \frac{1}{5} & 1 & & & & & & & & \\
\text{II1} & \frac{1}{3} & & & & 1 & \frac{1}{5} & 3 & \frac{1}{3} & 1 & & & \\
\text{II2} & & & & & 5 & 1 & 5 & 3 & & & & \\
\text{II3} & & & & & \frac{1}{3} & \frac{1}{5} & 1 & \frac{1}{3} & & & & \\
\text{II4} & & & & & 3 & \frac{1}{3} & 3 & 1 & & & & \\
\text{III1} & \frac{1}{3} & & & & 1 & & & & 1 & 3 & \frac{1}{5} & \frac{1}{3} \\
\text{III2} & & & & & & & & & \frac{1}{3} & 1 & \frac{1}{5} & \frac{1}{7} \\
\text{III3} & & & & & & & & & 5 & 5 & 1 & 1 \\
\text{III4} & & & & & & & & & 3 & 7 & 1 & 1 \\
\end{pmatrix} \quad (7.5)
$$

(1) 対数最小二乗法による計算例

式 (7.5) で示した超一対比較行列より, 6.4 節 (1) 項の $\dot{r}$, S, $\dot{x}$ を以下に示す.

これら $\dot{r}$, S, $\dot{x}$ を式 (6.15) に代入して得られた $\hat{u}_{ca}(=\log u_{ca})$ の対数を外すことにより, 相対評価値を得る. その結果を表 7.1 に示す.

第7章 超一対比較行列の適用例

$$\dot{\mathbf{x}} = (\ \dot{u}_{\text{I}2}\ \ \dot{u}_{\text{I}3}\ \ \dot{u}_{\text{I}4}\ \ \dot{u}_{\text{II}1}\ \ \dot{u}_{\text{II}2}\ \ \dot{u}_{\text{II}3}\ \ \dot{u}_{\text{II}4}\ \ \dot{u}_{\text{III}1}\ \ \dot{u}_{\text{III}2}\ \ \dot{u}_{\text{III}3}\ \ \dot{u}_{\text{III}4}\ )^{\text{T}}$$

$$\dot{\mathbf{r}} = \begin{pmatrix} \dot{r}_{\text{I}2}^{\text{I}1} \\ \dot{r}_{\text{I}3}^{\text{I}1} \\ \dot{r}_{\text{I}4}^{\text{I}1} \\ \dot{r}_{\text{II}1}^{\text{I}1} \\ \dot{r}_{\text{III}1}^{\text{I}1} \\ \dot{r}_{\text{I}3}^{\text{I}2} \\ \dot{r}_{\text{I}4}^{\text{I}2} \\ \dot{r}_{\text{I}4}^{\text{I}3} \\ \dot{r}_{\text{II}2}^{\text{II}1} \\ \dot{r}_{\text{II}3}^{\text{II}1} \\ \dot{r}_{\text{II}4}^{\text{II}1} \\ \dot{r}_{\text{III}1}^{\text{II}1} \\ \dot{r}_{\text{II}3}^{\text{II}2} \\ \dot{r}_{\text{II}4}^{\text{II}2} \\ \dot{r}_{\text{II}4}^{\text{II}3} \\ \dot{r}_{\text{III}2}^{\text{III}1} \\ \dot{r}_{\text{III}3}^{\text{III}1} \\ \dot{r}_{\text{III}4}^{\text{III}1} \\ \dot{r}_{\text{III}3}^{\text{III}2} \\ \dot{r}_{\text{III}4}^{\text{III}2} \\ \dot{r}_{\text{III}4}^{\text{III}3} \end{pmatrix} = \begin{pmatrix} \log 3 \\ \log 5 \\ \log 9 \\ \log 3 \\ \log 3 \\ \log 5 \\ \log 7 \\ \log 5 \\ \log \frac{1}{5} \\ \log 3 \\ \log \frac{1}{3} \\ \log 1 \\ \log 5 \\ \log 3 \\ \log \frac{1}{3} \\ \log 3 \\ \log \frac{1}{5} \\ \log \frac{1}{3} \\ \log \frac{1}{5} \\ \log \frac{1}{7} \\ \log 1 \end{pmatrix},\ \mathbf{S} = \begin{pmatrix} -1 & & & & & & & & & & \\ & -1 & & & & & & & & & \\ & & -1 & & & & & & & & \\ & & & -1 & & & & & & & \\ & & & & & & & -1 & & & \\ 1 & -1 & & & & & & & & & \\ 1 & & -1 & & & & & & & & \\ & 1 & -1 & & & & & & & & \\ & & & 1 & -1 & & & & & & \\ & & & 1 & & -1 & & & & & \\ & & & 1 & & & -1 & & & & \\ & & & 1 & & & & -1 & & & \\ & & & & 1 & -1 & & & & & \\ & & & & 1 & & -1 & & & & \\ & & & & & 1 & -1 & & & & \\ & & & & & & & 1 & -1 & & \\ & & & & & & & 1 & & -1 & \\ & & & & & & & 1 & & & -1 \\ & & & & & & & & 1 & -1 & \\ & & & & & & & & 1 & & -1 \\ & & & & & & & & & 1 & -1 \end{pmatrix}$$

7.2 支配代替案法での超一対比較行列の計算例

表 7.1 対数最小二乗法により求めた相対評価値

	Ⅰ：交通	Ⅱ：財政	Ⅲ：文化
1：A市	1.000	0.333	0.333
2：B市	0.542	1.467	0.156
3：C市	0.196	0.193	1.115
4：D市	0.070	0.656	1.067

表 7.2 対数最小二乗法により求めた総合評価値

	Ⅰ：交通	Ⅱ：財政	Ⅲ：文化	総合評価値
1：A市	0.600	0.200	0.200	1.000
2：B市	0.325	0.880	0.093	1.299
3：C市	0.118	0.116	0.669	0.902
4：D市	0.042	0.394	0.640	1.076

　他の計算方法により求めた結果と比較するために，代替案1：A市の総合評価値が1となるように正規化した結果を表7.2に示す．

　表7.2の結果は，表6.3の結果と完全に一致している．一般に，個々の一対比較行列に幾何平均法を用いて計算された評価値から支配代替案法により求めた評価値は，超一対比較行列に対数最小二乗法を適用して得られた評価値と一致する[1]．

(2) Harker法による計算例

　Harker法では、対角成分の値をその行の欠落部分の数+1に設定することにより，後は通常の固有値法により評価値を求める．以下にHarker法で用いる一対比較行列Hを示す．

第7章 超一対比較行列の適用例

$$
H = \begin{pmatrix}
7 & 3 & 5 & 9 & 3 & & & & & 3 & & & & \\
\frac{1}{3} & 9 & 5 & 7 & & & & & & & & & & \\
\frac{1}{5} & \frac{1}{5} & 9 & 5 & & & & & & & & & & \\
\frac{1}{9} & \frac{1}{7} & \frac{1}{5} & 9 & & & & & & & & & & \\
\frac{1}{3} & & & & & 7 & \frac{1}{5} & 3 & \frac{1}{3} & 1 & & & & \\
& & & & & 5 & 9 & 5 & 3 & & & & & \\
& & & & & \frac{1}{3} & \frac{1}{5} & 9 & \frac{1}{3} & & & & & \\
& & & & & 3 & \frac{1}{3} & 3 & 9 & & & & & \\
\frac{1}{3} & & & & & & & & 1 & & 7 & 3 & \frac{1}{5} & \frac{1}{3} \\
& & & & & & & & & & \frac{1}{3} & 9 & \frac{1}{5} & \frac{1}{7} \\
& & & & & & & & & & 5 & 5 & 9 & 1 \\
& & & & & & & & & & 3 & 7 & 1 & 9
\end{pmatrix} \quad (7.6)
$$

H にべき乗法を適用することにより,

$$
\begin{pmatrix}
7 & 3 & 5 & 9 & 3 & & & & & 3 & & & & \\
\frac{1}{3} & 9 & 5 & 7 & & & & & & & & & & \\
\frac{1}{5} & \frac{1}{5} & 9 & 5 & & & & & & & & & & \\
\frac{1}{9} & \frac{1}{7} & \frac{1}{5} & 9 & & & & & & & & & & \\
\frac{1}{3} & & & & & 7 & \frac{1}{5} & 3 & \frac{1}{3} & 1 & & & & \\
& & & & & 5 & 9 & 5 & 3 & & & & & \\
& & & & & \frac{1}{3} & \frac{1}{5} & 9 & \frac{1}{3} & & & & & \\
& & & & & 3 & \frac{1}{3} & 3 & 9 & & & & & \\
\frac{1}{3} & & & & & & & & 1 & & 7 & 3 & \frac{1}{5} & \frac{1}{3} \\
& & & & & & & & & & \frac{1}{3} & 9 & \frac{1}{5} & \frac{1}{7} \\
& & & & & & & & & & 5 & 5 & 9 & 1 \\
& & & & & & & & & & 3 & 7 & 1 & 9
\end{pmatrix}
\begin{bmatrix} 0.646 \\ 0.390 \\ 0.140 \\ 0.048 \\ 0.186 \\ 0.783 \\ 0.105 \\ 0.353 \\ 0.168 \\ 0.071 \\ 0.518 \\ 0.472 \end{bmatrix}
= 12.213
\begin{bmatrix} 0.646 \\ 0.390 \\ 0.140 \\ 0.048 \\ 0.186 \\ 0.783 \\ 0.105 \\ 0.353 \\ 0.168 \\ 0.071 \\ 0.518 \\ 0.472 \end{bmatrix}
$$

7.2 支配代替案法での超一対比較行列の計算例

となり，Hの固有値および固有ベクトルが得られる．その固有ベクトルを整理したものを，各評価基準における評価値を足し合わせて得られる各代替案の総合評価値とあわせて，表7.3に示す．なおここでは，他の方法により求めた結果と比較可能にするため，代替案1の総合評価値が1になるように正規化を行っている．

表 7.3　Harker法により求めた総合評価値

	Ⅰ：交通	Ⅱ：財政	Ⅲ：文化	総合評価値
1：A市	0.646	0.186	0.168	1.000
2：B市	0.390	0.783	0.071	1.243
3：C市	0.140	0.105	0.518	0.762
4：D市	0.048	0.353	0.472	0.873

表7.3の結果より，B市(1.243) ＞ A市(1) ＞ D市(0.873) ＞ C市(0.762)と優先順位付けできる．この順位は，表6.3，表7.2の結果と異なっている．

(3) まとめ

これまでの計算結果の総合評価値をまとめたものを，表7.4に示す．

表7.4の支配代替案法(固有値法)の列は5.2節の，支配代替案法(幾何平均法)の列は6.2節(1)項の，対数最小二乗法の列は(1)項の，Harker法の列は(2)項

表 7.4　各計算結果の総合評価値

	支配代替案法 (固有値法)	支配代替案法 (幾何平均法)	対数最小二乗法	Harker法
1：A市	1.000	1.000	1.000	1.000
2：B市	1.276	1.299	1.299	1.243
3：C市	0.906	0.902	0.902	0.762
4：D市	1.045	1.076	1.076	0.873

第7章 超一対比較行列の適用例

の結果である．(1)項で述べたように，個々の一対比較行列に幾何平均法を用いて計算された評価値から支配代替案法により求めた評価値は，超一対比較行列に対数最小二乗法を適用して得られた評価値と一致する．また，支配代替案法(固有値法)も支配代替案法(幾何平均法)，対数最小二乗法と順位は一致しており，似た評価値になっている．一方，Harker法の結果は，順位も異なっている．

7.3 多重支配代替案法での超一対比較行列の計算例

新たに代替案3：C市を支配代替案とする．表5.3に示されているように，評価基準間の一対比較行列は，式(7.7)に示すR_3^Cのようになる．

$$R_3^C = \begin{array}{c} \\ \text{交通} \\ \text{財政} \\ \text{文化} \end{array} \begin{pmatrix} \overset{\text{交通}}{1} & \overset{\text{財政}}{\frac{1}{5}} & \overset{\text{文化}}{\frac{1}{9}} \\ 5 & 1 & \frac{1}{5} \\ 9 & 5 & 1 \end{pmatrix} \tag{7.7}$$

式(7.1)～式(7.4)，式(7.7)を1つの一対比較行列としてまとめた超一対比較行列として(CA×CA)行列として表現したRを以下に示す．

7.3 多重支配代替案法での超一対比較行列の計算例

$$R = \begin{pmatrix}
 & \text{I}1 & \text{I}2 & \text{I}3 & \text{I}4 & \text{II}1 & \text{II}2 & \text{II}3 & \text{II}4 & \text{III}1 & \text{III}2 & \text{III}3 & \text{III}4 \\
\text{I}1 & 1 & 3 & 5 & 9 & 3 & & & & 3 & & & \\
\text{I}2 & \frac{1}{3} & 1 & 5 & 7 & & & & & & & & \\
\text{I}3 & \frac{1}{5} & \frac{1}{5} & 1 & 5 & & \frac{1}{5} & & & & & \frac{1}{9} & \\
\text{I}4 & \frac{1}{9} & \frac{1}{7} & \frac{1}{5} & 1 & & & & & & & & \\
\text{II}1 & \frac{1}{3} & & & & 1 & \frac{1}{5} & 3 & \frac{1}{3} & 1 & & & \\
\text{II}2 & & & & & 5 & 1 & 5 & 3 & & & & \\
\text{II}3 & & & 5 & & \frac{1}{3} & \frac{1}{5} & 1 & \frac{1}{3} & & & \frac{1}{5} & \\
\text{II}4 & & & & & 3 & \frac{1}{3} & 3 & 1 & & & & \\
\text{III}1 & \frac{1}{3} & & & & 1 & & & & 1 & 3 & \frac{1}{5} & \frac{1}{3} \\
\text{III}2 & & & & & & & & & \frac{1}{3} & 1 & \frac{1}{5} & \frac{1}{7} \\
\text{III}3 & & & 9 & & & 5 & & & 5 & 5 & 1 & 1 \\
\text{III}4 & & & & & & & & & 3 & 7 & 1 & 1 \\
\end{pmatrix} \quad (7.8)$$

(1) 対数最小二乗法による計算例

式(7.8)で示した超一対比較行列より，6.4 節(1)項の $\dot{r}$, S, $\dot{x}$ を以下に示す.

第7章　超一対比較行列の適用例

$$\dot{\mathbf{x}} = (\,\dot{u}_{\mathrm{I}2}\;\;\dot{u}_{\mathrm{I}3}\;\;\dot{u}_{\mathrm{I}4}\;\;\dot{u}_{\mathrm{II}1}\;\;\dot{u}_{\mathrm{II}2}\;\;\dot{u}_{\mathrm{II}3}\;\;\dot{u}_{\mathrm{II}4}\;\;\dot{u}_{\mathrm{III}1}\;\;\dot{u}_{\mathrm{III}2}\;\;\dot{u}_{\mathrm{III}3}\;\;\dot{u}_{\mathrm{III}4}\,)^{\mathrm{T}}$$

$$
\dot{\mathbf{r}} = \begin{pmatrix}
\dot{r}^{\mathrm{I}1}_{\mathrm{I}2} \\
\dot{r}^{\mathrm{I}1}_{\mathrm{I}3} \\
\dot{r}^{\mathrm{I}1}_{\mathrm{I}4} \\
\dot{r}^{\mathrm{I}1}_{\mathrm{II}1} \\
\dot{r}^{\mathrm{I}1}_{\mathrm{III}1} \\
\dot{r}^{\mathrm{I}2}_{\mathrm{I}3} \\
\dot{r}^{\mathrm{I}2}_{\mathrm{I}4} \\
\dot{r}^{\mathrm{I}3}_{\mathrm{I}4} \\
\dot{r}^{\mathrm{I}3}_{\mathrm{II}3} \\
\dot{r}^{\mathrm{I}3}_{\mathrm{III}3} \\
\dot{r}^{\mathrm{II}1}_{\mathrm{II}2} \\
\dot{r}^{\mathrm{II}1}_{\mathrm{II}3} \\
\dot{r}^{\mathrm{II}1}_{\mathrm{II}4} \\
\dot{r}^{\mathrm{II}1}_{\mathrm{III}1} \\
\dot{r}^{\mathrm{II}2}_{\mathrm{II}3} \\
\dot{r}^{\mathrm{II}2}_{\mathrm{II}4} \\
\dot{r}^{\mathrm{II}3}_{\mathrm{II}4} \\
\dot{r}^{\mathrm{II}3}_{\mathrm{III}3} \\
\dot{r}^{\mathrm{III}1}_{\mathrm{III}2} \\
\dot{r}^{\mathrm{III}1}_{\mathrm{III}3} \\
\dot{r}^{\mathrm{III}1}_{\mathrm{III}4} \\
\dot{r}^{\mathrm{III}2}_{\mathrm{III}3} \\
\dot{r}^{\mathrm{III}2}_{\mathrm{III}4} \\
\dot{r}^{\mathrm{III}3}_{\mathrm{III}4}
\end{pmatrix}
= \begin{pmatrix}
\log 3 \\
\log 5 \\
\log 9 \\
\log 3 \\
\log 3 \\
\log 5 \\
\log 7 \\
\log 5 \\
\log \tfrac{1}{5} \\
\log \tfrac{1}{9} \\
\log \tfrac{1}{5} \\
\log 3 \\
\log \tfrac{1}{3} \\
\log 1 \\
\log 5 \\
\log 3 \\
\log \tfrac{1}{3} \\
\log \tfrac{1}{5} \\
\log 3 \\
\log \tfrac{1}{5} \\
\log \tfrac{1}{3} \\
\log \tfrac{1}{5} \\
\log \tfrac{1}{7} \\
\log 1
\end{pmatrix},\;
\mathbf{S} = \begin{pmatrix}
-1 & & & & & & & & & & \\
 & -1 & & & & & & & & & \\
 & & -1 & & & & & & & & \\
 & & & -1 & & & & & & & \\
 & & & & & & & -1 & & & \\
1 & -1 & & & & & & & & & \\
1 & & -1 & & & & & & & & \\
 & 1 & -1 & & & & & & & & \\
 & 1 & & & & -1 & & & & & \\
 & 1 & & & & & & & & -1 & \\
 & & & 1 & -1 & & & & & & \\
 & & & 1 & & -1 & & & & & \\
 & & & 1 & & & -1 & & & & \\
 & & & 1 & & & & -1 & & & \\
 & & & & 1 & -1 & & & & & \\
 & & & & 1 & & -1 & & & & \\
 & & & & & 1 & -1 & & & & \\
 & & & & & 1 & & & & -1 & \\
 & & & & & & & 1 & -1 & & \\
 & & & & & & & 1 & & -1 & \\
 & & & & & & & 1 & & & -1 \\
 & & & & & & & & 1 & -1 & \\
 & & & & & & & & 1 & & -1 \\
 & & & & & & & & & 1 & -1
\end{pmatrix}
$$

7.3 多重支配代替案法での超一対比較行列の計算例

これら $\dot{r}$, S, $\dot{x}$ を式(6.15)に代入して得られた $\hat{u}_{ca}(= \log u_{ca})$ の対数を外すことにより，相対評価値を得る．その結果を表 7.5 に示す．

表 7.5 対数最小二乗法により求めた相対評価値

	Ⅰ：交通	Ⅱ：財政	Ⅲ：文化
1：A市	1.000	0.482	0.419
2：B市	0.467	2.406	0.200
3：C市	0.146	0.358	1.465
4：D市	0.060	1.076	1.372

表 7.6 対数最小二乗法により求めた総合評価値

	Ⅰ：交通	Ⅱ：財政	Ⅲ：文化	総合評価値
1：A市	0.526	0.253	0.221	1.000
2：B市	0.246	1.266	0.105	1.617
3：C市	0.077	0.189	0.771	1.036
4：D市	0.032	0.566	0.722	1.319

他の計算方法により求めた結果と比較するために代替案 1：A市の総合評価値が 1 となるように正規化した結果を表 7.6 に示す．

表 7.6 の結果は，B市(1.617) ＞ D市(1.319) ＞ C市(1.036) ＞ A市(1) と優先順位付けでき，個々の一対比較行列に幾何平均法を用いて計算された評価値から幾何平均多重支配代替案法により求めた評価値の，表 6.4 の結果と順位は一致しているが，評価値は異なっている．

7.2 節で示したように，支配代替案法においては，個々の一対比較行列に幾何平均法を用いて計算された評価値から支配代替案法により求めた評価値は，超一対比較行列に対数最小二乗法を適用して得られた評価値と一致する．しかし，多重支配代替案法においては，超一対比較行列に対数最小二乗法を適用し

第7章　超一対比較行列の適用例

て得られた評価値は，個々の一対比較行列に幾何平均法を用いて計算された評価値から幾何平均多重支配代替案法により求めた評価値と，必ずしも一致しない．

(2) Harker 法による計算例

Harker 法では，対角成分の値をその行の欠落部分の数 +1 に設定することにより，後は通常の固有値法により評価値を求める．以下に Harker 法で用いる一対比較行列 H を示す．

$$H = \begin{pmatrix} 7 & 3 & 5 & 9 & 3 & & 3 & & & \\ \frac{1}{3} & 9 & 5 & 7 & & & & & & \\ \frac{1}{5} & \frac{1}{5} & 7 & 5 & & \frac{1}{5} & & \frac{1}{9} & & \\ \frac{1}{9} & \frac{1}{7} & \frac{1}{5} & 9 & & & & & & \\ \frac{1}{3} & & & & 7 & \frac{1}{5} & 3 & \frac{1}{3} & 1 & \\ & & & & 5 & 9 & 5 & 3 & & \\ & & & 5 & \frac{1}{3} & \frac{1}{5} & 7 & \frac{1}{3} & & \frac{1}{5} \\ & & & & 3 & \frac{1}{3} & 3 & 9 & & \\ \frac{1}{3} & & & 1 & & & 7 & 3 & \frac{1}{5} & \frac{1}{3} \\ & & & & & & \frac{1}{3} & 9 & \frac{1}{5} & \frac{1}{7} \\ & & & 9 & & 5 & 5 & 5 & 7 & 1 \\ & & & & & & & 3 & 7 & 1 & 9 \end{pmatrix} \quad (7.9)$$

H にべき乗法を適用することにより，

7.3 多重支配代替案法での超一対比較行列の計算例

$$\begin{pmatrix} 7 & 3 & 5 & 9 & 3 & & & & 3 & & & \\ \frac{1}{3} & 9 & 5 & 7 & & & & & & & & \\ \frac{1}{5} & \frac{1}{5} & 7 & 5 & & \frac{1}{5} & & & & & \frac{1}{9} & \\ \frac{1}{9} & \frac{1}{7} & \frac{1}{5} & 9 & & & & & & & & \\ \frac{1}{3} & & & & 7 & \frac{1}{5} & 3 & \frac{1}{3} & 1 & & & \\ & & & & 5 & 9 & 5 & 3 & & & & \\ & 5 & & & \frac{1}{3} & \frac{1}{5} & 7 & \frac{1}{3} & & & \frac{1}{5} & \\ & & & & 3 & \frac{1}{3} & 3 & 9 & & & & \\ \frac{1}{3} & & & & 1 & & & & 7 & 3 & \frac{1}{5} & \frac{1}{3} \\ & & & & & & & & \frac{1}{3} & 9 & \frac{1}{5} & \frac{1}{7} \\ & & & 9 & & & 5 & & 5 & 5 & 7 & 1 \\ & & & & & & & & 3 & 7 & 1 & 9 \end{pmatrix} \begin{bmatrix} 0.541 \\ 0.255 \\ 0.085 \\ 0.034 \\ 0.264 \\ 1.194 \\ 0.202 \\ 0.542 \\ 0.196 \\ 0.087 \\ 0.708 \\ 0.575 \end{bmatrix} = 12.211 \begin{bmatrix} 0.541 \\ 0.255 \\ 0.085 \\ 0.034 \\ 0.264 \\ 1.194 \\ 0.202 \\ 0.542 \\ 0.196 \\ 0.087 \\ 0.708 \\ 0.575 \end{bmatrix}$$

となり，H の固有値および固有ベクトルが得られる．その固有ベクトルを整理したものを，各評価基準における評価値を足し合わせて得られる各代替案の総合評価値とあわせて，表 7.7 に示す．なおここでは，他の方法により求めた結果と比較可能にするため，代替案 1 の総合評価値が 1 になるように正規化を行っている．

表 7.7　Harker 法により求めた総合評価値

	Ⅰ：交通	Ⅱ：財政	Ⅲ：文化	総合評価値
1：A市	0.541	0.264	0.196	1.000
2：B市	0.254	1.193	0.087	1.535
3：C市	0.085	0.202	0.708	0.994
4：D市	0.034	0.542	0.575	1.151

表 7.7 の結果より，B 市 (1.535) ＞ D 市 (1.151) ＞ A 市 (1) ＞ C 市 (0.994) と優先順位付けできる．この順位は，表 6.4，表 7.6 の結果と異なっている．

(3) まとめ

これまでの計算結果の総合評価値をまとめたものを表 7.8 に示す．

表 7.8　各計算結果の総合評価値

	一斉法	幾何平均多重支配代替案法	対数最小二乗法	Harker 法
1：A 市	1.000	1.000	1.000	1.000
2：B 市	1.650	1.673	1.617	1.535
3：C 市	1.020	1.044	1.036	0.994
4：D 市	1.306	1.365	1.319	1.151

表 7.8 の一斉法の列は 5.2 節の，幾何平均多重支配代替案法の列は 6.2 節 (2) 項の，対数最小二乗法の列は (1) 項の，Harker 法の列は (2) 項の結果である．(1) 項で述べたように，多重支配代替案法においては，超一対比較行列に対数最小二乗法を適用して得られた評価値は，個々の一対比較行列に幾何平均法を用いて計算された評価値から幾何平均多重支配代替案法により求めた評価値と，必ずしも一致しない．しかし，順位は一致しており，似た評価値になっている．一斉法も幾何平均多重支配代替案法，対数最小二乗法と順位は一致しており，似た評価値になっている．一方，Harker 法の結果は，順位も異なっている

第 7 章の参考文献

[1] 木下栄蔵編著：『サービスサイエンスの理論と実践』，近代科学社，pp.151-166，2011．

第8章
AHPから超一対比較行列までの数学的解釈

　本章は，AHPと支配型AHPの数学的構造，支配型AHPにおける互換性についての分析，超一対比較行列の数学的表現と支配型AHPとの関係を中心に記述する．

　それに先立ち，本章で使用する記号を列挙する．

　特に断りのない限り，ベクトルはボールド体の文字 $\mathbf{b}$, $\mathbf{b}_i$, $\mathbf{B}_i^j$, …で表現し，行列は立体の大文字 A，A_i, R，…で表現する．

　ベクトル $\mathbf{1}$ は要素が1のみからなるベクトルである．

$$\mathbf{1} = [1,\ 1,\ \cdots,\ 1]^t \tag{8.1}$$

記号 t はベクトルや行列の転置を表現する．

$\mathbf{1}^t\mathbf{x}$ はベクトル $\mathbf{x}$ の要素をすべて加算したスカラーを表現する．

　　$\mathbf{x} = \{x_1,\ x_1,\ \cdots,\ x_n\}$ のとき，$\mathbf{1}^t\mathbf{x} = \sum_{j=1}^{n} x_j$

$\pi(\mathbf{x})$ は，ベクトル $\mathbf{x}$ を正規化したベクトルを表現する．

$$\pi(\mathbf{x}) \equiv \frac{\mathbf{x}}{\mathbf{1}^t\mathbf{x}} \tag{8.2}$$

$\mathbf{R}_+$ は正の実数の集合，$\mathbf{Q}_n$ は要素の合計が1になる n 次元正ベクトルの集合である．

$$\mathbf{R}_+ = \{r \mid r>0,\ r\in\mathbf{R}\},\quad \mathbf{Q}_n = \{\mathbf{x} \mid \mathbf{1}_n^t\mathbf{x}=1,\ \mathbf{x}\in\mathbf{R}_+^n\} \tag{8.3}$$

集合 $\mathbf{J}_n$ は1から n までの自然数の集合である．$\mathbf{J}_n = \{1,\ 2,\ \cdots,\ n\}$ と表現する．rank(A) は行列 A の階数を表現する．

　あるベクトル $\mathbf{x}$ について，すべての要素を逆数にしたベクトルを $\underline{\mathbf{x}}$ と記述する．

第 8 章　AHP から超一対比較行列までの数学的解釈

$$\mathbf{x} = [x_1,\ x_2,\ \cdots,\ x_n]^t\ \text{のとき},\ \underline{\mathbf{x}} = \left[\frac{1}{x_1},\ \frac{1}{x_2},\ \cdots,\ \frac{1}{x_n}\right]^t \tag{8.4}$$

$\mathbf{x}$ の要素がすべて正で要素数が n の場合，$\mathbf{x}\underline{\mathbf{x}} = n$ である．

行列 A_i は，行列 A の第 i 行の要素を対角要素としてもつ一重対角行列である．列を n 個もつ行列 A の第 i 行 j 列目の要素を a_{ij} とすると，対角行列 A_i は以下のようになる．

$$A_i = \begin{bmatrix} a_{i1} & 0 & \\ 0 & \ddots & 0 \\ & 0 & a_{in} \end{bmatrix} \tag{8.5}$$

8.1　AHP と支配型 AHP

AHP は総合目的，代替案の集合，評価基準の集合を構成要素としてもつ．以降の議論では，総合目的 − 評価基準 − 代替案の 3 層からなる AHP を対象とする．代替案の集合を $Alt = \{a_1,\ a_2,\ \cdots,\ a_m\}$，評価基準の集合を $C = \{c_1,\ c_2,\ \cdots,\ c_n\}$ とする．代替案の数は m 個，評価基準の数は n 個である．AHP において，意思決定者は各代替案について総合評価値を算出し，その総合評価値の大きさにより代替案を選択する．本節では，AHP と支配型 AHP の総合評価値の構造を提示する．

AHP では，以下のように評価行列 A と評価基準の重みベクトル $\mathbf{b}$ から評価値を合成し，総合評価値ベクトル $\mathbf{e}$ を算出する．

$$\mathbf{e} = \frac{A\mathbf{b}}{\mathbf{1}^t(A\mathbf{b})} = \pi(A\mathbf{b}) \tag{8.6}$$

m 次元ベクトル $\mathbf{e}$ の i 番目の要素が，i 番目の代替案の総合評価値である．n 次元ベクトル $\mathbf{b}$ の j 番目の要素 b_j は，j 番目の評価基準の重みを表現する．$m \times n$ 行列 A の i 行 j 列目の要素 a_{ij} は，i 番目の代替案の j 番目の評価基準の評価値を表現する．重みベクトル $\mathbf{b}$ は，総合目的からトップダウンに一意に決まる．評価行列と重みベクトルの各要素は，一般に一対比較法により得ら

れる．数学的には，評価値の合成を行列とベクトルの積で表現している点がAHPの特徴である．

支配型AHPでは，AHPの構成要素に加え，評価のための足がかりとしての支配代替案が与えられる．いま，d番目の代替案を支配代替案とし，その支配代替案に服従する規制代替案をi番目の代替案とする．このとき，総合評価値ベクトル$\mathbf{e}^{id}$を以下のように算出する．

$$\mathbf{e}^{id} = \frac{(AA_i^{-1})(A_iA_d^{-1})\mathbf{b}^d}{\mathbf{1}^t(AA_i^{-1})(A_iA_d^{-1})\mathbf{b}^d} = \frac{AA_d^{-1}\mathbf{b}^d}{\mathbf{1}^tAA_d^{-1}\mathbf{b}^d} = \pi(AA_d^{-1}\mathbf{b}^d) \tag{8.7}$$

$\mathbf{b}^d$は，支配代替案からボトムアップに評価された評価基準の重みベクトルである．この総合評価値は，2つの推定原理，①評価行列の推定原理(評価行列Aが与えられたとき，i番目の代替案から見た評価行列をAA_i^{-1}と推定する)，②評価基準の重みベクトルの推定原理(評価基準の重みベクトル$\mathbf{b}^d$が与えられたとき，i番目の代替案から見た重みベクトルを$(A_iA_d^{-1})\mathbf{b}^d$と推定する)から得られる[1]．この推定原理の下では，総合評価値は支配代替案のみに依存する．以降，総合評価値ベクトルを単に$\mathbf{e}^d$と記述する．

(1) 支配代替案が複数ある場合の支配型AHP

支配型AHPでは，支配代替案が複数存在することが考えられる(多重支配型AHP)．この場合は，一般に，支配代替案が異なれば総合評価値は異なる．そのため，意思決定者は必要に応じて総合評価値が等しくなるように調整を施す．このような調整を施し，支配代替案の間で総合評価値が等しい状態を，「互換性がある」と表現する．1番目，2番目，…，k番目の代替案を支配代替案として採用した場合，互換性は，総合評価値の同値性として以下のように表現される．

$$\mathbf{e}^1 = \mathbf{e}^2 = \cdots = \mathbf{e}^k \tag{8.8}$$

(2) 支配型AHPにおける互換性について

本項では，支配代替案が複数ある場合に，評価基準の重みベクトルを調整して互換性を保つ手法について，互換性を保つ重みベクトルの組が存在するこ

第8章 AHPから超一対比較行列までの数学的解釈

とを示す．なお，ここでは，どの代替案を支配代替案として採用しても，評価行列は変化しないという仮定をおく（支配代替案の選択により変化するのは評価基準の重みベクトルのみであり，それら重みベクトルを調整する）．互換性のある評価基準の重みベクトルの組合せの集合を，$v = \{(\mathbf{b}^1, \mathbf{b}^2, \cdots, \mathbf{b}^k) \mid \pi(AA_1^{-1}\mathbf{b}^1) = \pi(AA_2^{-1}\mathbf{b}^2) = \cdots = \pi(AA_k^{-1}\mathbf{b}^k), \mathbf{b}^1, \mathbf{b}^2, \cdots, \mathbf{b}^k \in Q_n\}$ とする．このとき，集合 v の構造について以下の定理1が成立する．

[定理1]

rank$(A) = n$ の場合，互換性のある評価基準の重みベクトルの集合 v は，すべての $t \in \mathbf{R}_+^n$ を用いて作られる集合 $\{(\pi(A_1 \mathbf{t}), \pi(A_2 \mathbf{t}), \cdots, \pi(A_k \mathbf{t})) \mid \mathbf{t} \in \mathbf{R}_+^n\}$ と等しい．

本項では，この定理1を導出する．

[補題1]

互換性のある重みベクトルの集合 v は，正規化を考慮しない互換性のある重みベクトルの集合 V を正規化した集合 $\dot{V}$ と等しい．つまり，

$$V = \{(\mathbf{B}^1, \mathbf{B}^2, \cdots, \mathbf{B}^k) \mid AA_1^{-1}\mathbf{B}^1 = AA_2^{-1}\mathbf{B}^2 = \cdots = AA_k^{-1}\mathbf{B}^k, \mathbf{B}^1, \mathbf{B}^2, \cdots, \mathbf{B}^k \in \mathbf{R}_+^n\}$$

$$\dot{V} = \{(\pi(\mathbf{B}^1), \pi(\mathbf{B}^2), \cdots, \pi(\mathbf{B}^k)) \mid (\mathbf{B}^1, \mathbf{B}^2, \cdots, \mathbf{B}^k) \in V\}$$

のとき，$v = \dot{V}$ である．

[証明]

$\dot{V} \subseteq v$ と $\dot{V} \supseteq v$ を証明する．

・$\dot{V} \subseteq v$ の証明：

$(\pi(\mathbf{B}^1), \cdots, \pi(\mathbf{B}^k)) \in \dot{V}$ ならば，$(\pi(\mathbf{B}^1), \cdots, \pi(\mathbf{B}^k)) \in v$ である．ゆえに，$\dot{V} \subseteq v$ である．

$$(\because \frac{AA_i^{-1}\pi(\mathbf{B}^i)}{\mathbf{1}^t AA_i^{-1}\pi(\mathbf{B}^i)} = \frac{AA_i^{-1}\frac{\mathbf{B}^i}{\mathbf{1}^t\mathbf{B}^i}}{\mathbf{1}^t AA_i^{-1}\frac{\mathbf{B}^i}{\mathbf{1}^t\mathbf{B}^i}} = \frac{AA_i^{-1}\mathbf{B}^i}{\mathbf{1}^t AA_i^{-1}\mathbf{B}^i}, AA_1^{-1}\mathbf{B}^1 = \cdots = AA_k^{-1}\mathbf{B}^k \text{ より,}$$

$\pi(AA_1^{-1}\mathbf{B}^1) = \cdots = \pi(AA_k^{-1}\mathbf{B}^k).)$

・$\dot{V} \supseteq v$ の証明：

$(\mathbf{b}^1, \cdots, \mathbf{b}^k) \in v$ とすると，$\dfrac{AA_1^{-1}\mathbf{b}^1}{\mathbf{1}^t AA_1^{-1}\mathbf{b}^1} = \cdots = \dfrac{AA_k^{-1}\mathbf{b}^k}{\mathbf{1}^t AA_k^{-1}\mathbf{b}^k}$ となる．したがって，

$\mathbf{B}^i = \dfrac{\mathbf{b}^i}{\mathbf{1}^t AA_i^{-1}\mathbf{b}^i}$ とおくと，$(\mathbf{B}^1, \cdots, \mathbf{B}^k) \in V$ となり，$\pi(\mathbf{B}^i) = \pi\left(\dfrac{\mathbf{b}^i}{\mathbf{1}^t AA_i^{-1}\mathbf{b}^i}\right)$

$= \pi(\mathbf{b}^i) = \mathbf{b}^i$.

すなわち，$(\mathbf{b}^1, \cdots, \mathbf{b}^k) \in \dot{V}$ である．

[定理 2]

rank$(A) = n$，かつ，k 個の評価基準の重みベクトル $\mathbf{b}^i$ に互換性がある場合，n 次元ベクトル $\mathbf{t}$ が存在して $\mathbf{b}^i = \pi(A_i \mathbf{t})$, $i = 1, \cdots, k$ と表現できる．

[証明]

まず，正規化を行わない場合について考える．d 番目の代替案が支配代替案のときの正規化されていない評価基準の重みベクトルを $\mathbf{B}^d = [B_1^d, B_2^d, \cdots, B_n^d]^t$，正規化されていない総合評価値ベクトルを $\mathbf{E}^d = [E_1^d, E_2^d, \cdots, E_n^d]^t$ とする．

$$\mathbf{E}^d = AA_d^{-1}\mathbf{B}^d, \quad E_i^d = \sum_{j=1}^n \dfrac{a_{ij}}{a_{dj}} B_j^d \tag{8.9}$$

互換性は次式で表現される．

$$\mathbf{E}^d = \mathbf{E}^{d+1}, \qquad d = 1, \cdots, k-1 \tag{8.10}$$

$$AA_d^{-1}\mathbf{B}^d - AA_{d+1}^{-1}\mathbf{B}^{d+1} = 0, \qquad d = 1, \cdots, k-1 \tag{8.11}$$

仮定より，A は最大階数をもつので，

$$A_d^{-1}\mathbf{B}^d - A_{d+1}^{-1}\mathbf{B}^{d+1} = 0, \qquad d = 1, \cdots, k-1 \tag{8.12}$$

したがって，

$$A_1^{-1}\mathbf{B}^1 = A_2^{-1}\mathbf{B}^2 = \cdots = A_k^{-1}\mathbf{B}^k = \mathbf{t} \in \mathbf{R}_+^n \tag{8.13}$$

$\mathbf{B}^i = A_i \mathbf{t}$ とおくと $(\mathbf{B}^1, \mathbf{B}^2, \cdots, \mathbf{B}^k) = (A_1 \mathbf{t}, A_2 \mathbf{t}, \cdots, A_k \mathbf{t}) \in V$ となる．これを正規化し，次式の評価基準の重みベクトルが得られる．

$$\mathbf{b}^i = \pi(A_i \mathbf{t}), \quad i = 1, \cdots, k. \tag{8.14}$$

補題 1 より，このように得られた重みベクトルの集合は，互換性のある重み

第8章 AHPから超一対比較行列までの数学的解釈

ベクトルの集合と等しい．

一方，任意のn次元ベクトル$\mathbf{t}$を用いて評価基準の重みベクトルが$\mathbf{b}^i = \pi(A_i\mathbf{t})$と表現できるときには，rank(A)に関係なく互換性が成り立つ．

[定理3]

評価基準の重みベクトル$\mathbf{b}^i$, $i = 1, \cdots, k$が共通の内部ベクトル$\mathbf{t}$をもち，$\mathbf{b}^i = \pi(A_i\mathbf{t})$と表現できるならば，これらの重みベクトルは互換性をもつ．

[証明]

$$\mathbf{e}^i = \frac{AA_i^{-1}\mathbf{b}^i}{\mathbf{1}^t AA_i^{-1}\mathbf{b}^i} = \frac{AA_i^{-1}\pi(A_i\mathbf{t})}{\mathbf{1}^t AA_i^{-1}\pi(A_i\mathbf{t})} = \frac{AA_i^{-1}\dfrac{A_i\mathbf{t}}{\mathbf{1}^t A_i\mathbf{t}}}{\mathbf{1}^t\left[AA_i^{-1}\dfrac{A_i\mathbf{t}}{\mathbf{1}^t A_i\mathbf{t}}\right]} = \frac{A\mathbf{t}}{\mathbf{1}^t A\mathbf{t}}$$

$$= \pi(A\mathbf{t}) \tag{8.15}$$

$i = 1, \cdots, k$について，総合評価値$\mathbf{e}^i = \pi(A\mathbf{t})$となり，$i$に依存しない．

定理2と定理3より，定理1が得られる．

[数値例]

以下の評価行列A，互換性のない評価基準の重みベクトル$\boldsymbol{\beta}^1$, $\boldsymbol{\beta}^3$(それぞれ行列Aの第1行と第3行の代替案を支配代替案に選択した場合に対応)を調整する例を示す．

$$A = \begin{bmatrix} 0.548 & 0.129 & 0.126 \\ 0.304 & 0.549 & 0.059 \\ 0.110 & 0.074 & 0.424 \\ 0.038 & 0.248 & 0.391 \end{bmatrix}, \quad \boldsymbol{\beta}^1 = \begin{bmatrix} 0.600 \\ 0.200 \\ 0.200 \end{bmatrix}, \quad \boldsymbol{\beta}^3 = \begin{bmatrix} 0.058 \\ 0.207 \\ 0.735 \end{bmatrix} \tag{8.16}$$

一斉法(第4, 5章参照)を適用し得られる互換性のある重みベクトルの組$\mathbf{b}^1$, $\mathbf{b}^3$と，互換性を得た総合評価値$\mathbf{e}$をそれぞれ以下に示す．

8.1 AHP と支配型 AHP

$$\mathbf{b}^1 = \begin{bmatrix} 0.474 \\ 0.302 \\ 0.224 \end{bmatrix}, \quad \mathbf{b}^3 = \begin{bmatrix} 0.093 \\ 0.169 \\ 0.738 \end{bmatrix}, \quad \mathbf{e} = \begin{bmatrix} 0.201 \\ 0.332 \\ 0.205 \\ 0.262 \end{bmatrix} \tag{8.17}$$

また，ベクトル $\mathbf{b}^1$，$\mathbf{b}^3$ は，以下のベクトル $\mathbf{t}$ により，それぞれ，$\pi(A_1\mathbf{t})$，$\pi(A_3\mathbf{t})$ と表現できる．

$$\mathbf{t} = \begin{bmatrix} 0.174 \\ 0.470 \\ 0.357 \end{bmatrix} \tag{8.18}$$

(3) 最適化問題としての支配型 AHP

支配型 AHP において，互換性のある評価基準の重みベクトルを求める問題は，最適化問題として定式化できる．

意思決定者が手作業で評価入力した評価基準の重みベクトルを $\boldsymbol{\beta}^i$，$i = 1, \cdots, k$，$k \leq m$ とする．互換性があり，かつ，この $\boldsymbol{\beta}^i$ に最も近いベクトル $\mathbf{b}^i$ を探索する．この要求は，最適化問題として次のように定義できる．

  find $\mathbf{b}^1, \cdots, \mathbf{b}^k$
  min $d(\mathbf{b}^1, \cdots, \mathbf{b}^k ; \boldsymbol{\beta}^1, \cdots, \boldsymbol{\beta}^k)$.   (8.19)
  s.t. $\mathbf{b}^1, \cdots, \mathbf{b}^k$ は互換性をもつ．

ここで，$d(\mathbf{b}^1, \cdots, \mathbf{b}^k ; \boldsymbol{\beta}^1, \cdots, \boldsymbol{\beta}^k)$ は最適化における目的関数であり，入力 $\{\boldsymbol{\beta}^1, \cdots, \boldsymbol{\beta}^k\}$ と可能解 $\{\mathbf{b}^1, \cdots, \mathbf{b}^k\}$ の近さを表現する．この最適化問題は，目的関数の定義ごとに異なる解をもつ．

$\mathrm{rank}(A) = n$ の場合には，重みの組合せが互換性をもつことと，重みの組合せが共通の n 次元の内部ベクトル $\mathbf{t}$ をもつことは同値なので，最適化問題は次のように定式化される．

  find $\mathbf{t}$
  min $d(\mathbf{t} ; \boldsymbol{\beta}^1, \cdots, \boldsymbol{\beta}^k)$.   (8.20)

第8章 AHPから超一対比較行列までの数学的解釈

調整するベクトルが n 次元ベクトル1つになり，最適化の過程において互換性を考慮する必要がなくなった．ここで，$d(\mathbf{t}; \boldsymbol{\beta}^1, \cdots, \boldsymbol{\beta}^k)$ はベクトル $\mathbf{t}$ に注目した目的関数である．具体的には，最適解 $\hat{\mathbf{t}} = [\hat{t}_1, \cdots, \hat{t}_n]^t$ は $\dfrac{\partial d(\mathbf{t}; \boldsymbol{\beta}^1, \cdots, \boldsymbol{\beta}^k)}{\partial t_j}\Big|_{t_j = \hat{t}_j} = 0$ を満たすベクトル $\hat{\mathbf{t}}$ として算出される．互換性のある重みベクトルは $\mathbf{b}^i = \pi(A_i \mathbf{t})$, $i = 1, \cdots, k$ となる．

8.2 超一対比較行列の数学的解釈

(1) 超一対比較行列の数学的表現

超一対比較行列は，支配型 AHP の各評価の際に行われるすべての比較を，絶対的重要度の関係として表現する行列である[2]．超一対比較行列では，以下の関数で定義される絶対的重要度 V の存在を仮定する．

$$V : C \times A \to \mathbf{R}_+ \tag{8.21}$$

$V(c, a)$ は評価基準 c における代替案 a の絶対的重要度の値である．ここで，絶対的重要度を重要度ベクトル $\mathbf{v}$ として表現する．重要度ベクトル $\mathbf{v}$ は mn 個の要素をもち，重要度ベクトル $\mathbf{v}$ の各要素 v_i は $V(c, a)$, $i = \tau(c, a)$ に対応する．写像 τ は，重要度ベクトルの要素の添字と評価基準と，代替案のペアとの一対一対応を表現する．

$$\tau : C \times A \to J_{mn} \tag{8.22}$$

この対応により，絶対的重要度 V と重要度ベクトル $\mathbf{v}$ を同一視する（$V(c, a) \equiv v_{\tau(c, a)}$）．

絶対的重要度の関係 r_{ij} を，絶対的重要度の値 v_i, v_j の比として定義する．

$$r_{ij} \equiv \frac{v_i}{v_j} \tag{8.23}$$

関係 r_{ij} は以下の条件を満たす．

$$r_{ij} = \begin{cases} \dfrac{1}{r_{ji}} & (r_{ji} \neq 0) \\ 0 & (r_{ji} = 0) \end{cases} \tag{8.24}$$

$$r_{ij} = 1 \tag{8.25}$$

実際には，絶対的重要度の比が常に得られるとは限らない．値が得られない場合については，ここではその未定義値を0に置き換えている．

超一対比較行列は，絶対的重要度の関係 r_{ij} を i 行 j 列目の要素としてもつ，$mn \times mn$ 行列である．超一対比較行列の非零のすべての要素に誤差がない場合(非零のすべての要素 r_{ij} が $\dfrac{v_i}{v_j}$ と表現できる場合)，その超一対比較行列は「整合している」と表現する．

超一対比較行列 R が整合しており，すべての要素が非零の場合，行列 R は重要度ベクトル v を用いて，次のように表現できる．

$$R = v\underline{v}^t \tag{8.26}$$

このとき，重要度ベクトル v は，超一対比較行列 R の固有ベクトルとなる ($Rv = v(\underline{v}^t v) = (mn)v$)．

超一対比較行列を用いる場合，その目的は，与えられた超一対比較行列から絶対的重要度の同値類 [v] (重要度ベクトル v の相対値) を構築することである．絶対的重要度の同値類が構築できれば，代替案 a の総合評価値 E_a を以下のように算出する．

$$E_a = \sum_{j=1}^{n} [v]_{\tau(c_j,\ a)} \tag{8.27}$$

ここで，$[v]_i$ は $[v]$ の i 番目の要素である．あるいは，すべての代替案に共通のある定数 F を用いて，以下の総合評価値 e_a を得る．

$$e_a = \frac{1}{F}\sum_{j=1}^{n} v_{\tau(c_j,\ a)} \tag{8.28}$$

(2) 支配型 AHP と超一対比較行列

本項では，支配型 AHP の総合評価値を算出する手順を絶対的重要度 V を用いて記述し，その後，支配型 AHP と超一対比較行列の関係を述べる．

ステップ1：代替案の重要度の一対比較

第8章 AHP から超一対比較行列までの数学的解釈

意思決定者は，各評価基準について，代替案の重要度を相対的に評価する．評価基準 c における代替案 a の相対的重要度 u_{ca} は，評価基準に依存する定数 a_c を用いて $u_{ca} = a_c \mathrm{V}(c, a)$ と表現できる．u_{ca} は，一対比較法により求める．一対比較法のすべての比較が整合している場合，評価基準 c における代替案同士の一対比較行列 W_c は，以下のように表現される．

$$W_c = \begin{bmatrix} \dfrac{\mathrm{V}(c, a_1)}{\mathrm{V}(c, a_1)} & \dfrac{\mathrm{V}(c, a_1)}{\mathrm{V}(c, a_2)} & \cdots & \dfrac{\mathrm{V}(c, a_1)}{\mathrm{V}(c, a_m)} \\ \dfrac{\mathrm{V}(c, a_2)}{\mathrm{V}(c, a_1)} & \dfrac{\mathrm{V}(c, a_2)}{\mathrm{V}(c, a_2)} & \cdots & \dfrac{\mathrm{V}(c, a_2)}{\mathrm{V}(c, a_m)} \\ \vdots & \vdots & \ddots & \vdots \\ \dfrac{\mathrm{V}(c, a_m)}{\mathrm{V}(c, a_1)} & \dfrac{\mathrm{V}(c, a_m)}{\mathrm{V}(c, a_2)} & \cdots & \dfrac{\mathrm{V}(c, a_m)}{\mathrm{V}(c, a_m)} \end{bmatrix} \quad (8.29)$$

一対比較行列 W_c から，相対的重要度 $(u_{ca_1}, u_{ca_2}, u_{ca_m})$ が得られる．各評価基準について，代替案のすべての相対的重要度を求め，これら相対的重要度を $m \times n$ 行列に配列したものが評価行列 A である．

$$A = \begin{bmatrix} u_{c_1 a_1} & u_{c_2 a_1} & \cdots & u_{c_n a_1} \\ u_{c_1 a_2} & u_{c_2 a_2} & \cdots & u_{c_n a_2} \\ \vdots & \vdots & \ddots & \vdots \\ u_{c_1 a_m} & u_{c_2 a_m} & \cdots & u_{c_n a_m} \end{bmatrix} \quad (8.30)$$

ステップ2：支配代替案の選択

意思決定者は，代替案の集合の中から，支配代替案を1つ選択する（ここでは代替案 d を支配代替案として採用する）．相対的重要度 u_{ca} は支配代替案の相対的重要度により正規化される．正規化された値は $u_{ca}^d \left(= \dfrac{u_{ca}}{u_{cd}} \right)$ となる．正規化された評価行列は，以下の積で表現される．

$$A A_d^{-1} \quad (8.31)$$

ただし，A_d は評価行列 A の代替案 d に対応する行を対角要素としてもつ一重対角行列である．

$$A_d = \begin{bmatrix} u_{c_1 d} & 0 & \\ 0 & \ddots & 0 \\ & 0 & u_{c_n d} \end{bmatrix} \tag{8.32}$$

ステップ3：評価基準の重みの一対比較

意思決定者は，支配代替案 d から見た評価基準の重みを一対比較法により求める．一対比較行列は以下のようになる．

$$W^d = \begin{bmatrix} \dfrac{V(c_1,d)}{V(c_1,d)} & \dfrac{V(c_1,d)}{V(c_2,d)} & \cdots & \dfrac{V(c_1,d)}{V(c_n,d)} \\ \dfrac{V(c_2,d)}{V(c_1,d)} & \dfrac{V(c_2,d)}{V(c_2,d)} & \cdots & \dfrac{V(c_2,d)}{V(c_n,d)} \\ \vdots & \vdots & \ddots & \vdots \\ \dfrac{V(c_n,d)}{V(c_1,d)} & \dfrac{V(c_n,d)}{V(c_2,d)} & \cdots & \dfrac{V(c_n,d)}{V(c_n,d)} \end{bmatrix} \tag{8.33}$$

一対比較行列 W^d から，支配代替案 d における評価基準 c の相対的重要度 $B_c^d = \alpha^d V(c,d)$ が得られる．α^d は代替案 d に依存する定数である．相対的重要度 B_c^d を正規化し，評価基準の重みが得られる．

$$B_c^d = \frac{B_c^d}{\displaystyle\sum_{i=1}^{n} B_{c_j}^d} = \frac{V(c,d)}{\displaystyle\sum_{i=1}^{n} V(c_j,d)} \tag{8.34}$$

ステップ4：総合評価値の算出

支配代替案 d における代替案 a の総合評価値を，以下で算出する．

$$E_a^d = \sum_{j=1}^{n} u_{c,a}^d b_{c_j}^d \tag{8.35}$$

ベクトルで表現する場合は，以下のようになる．

$$\mathbf{E}^d = AA_d^{-1} \mathbf{b}^d \tag{8.36}$$

ただし，$\mathbf{b}^d = [b_{c_1}^d, \ b_{c_2}^d, \ \cdots, \ b_{c_n}^d]^t$，$\mathbf{E}^d = [E_{a_1}^d, \ E_{a_2}^d, \ \cdots, \ E_{a_m}^d]^t$ である．

第8章 AHPから超一対比較行列までの数学的解釈

ここで，支配型 AHP の一対比較行列がすべて整合していれば，支配型 AHP の総合評価値は，超一対比較行列の絶対的重要度で表現される総合評価値と一致する．

$$E_a^d = \sum_{j=1}^n u_{c_j a}^d b_{c_j}^d = \sum_{j=1}^n \frac{\alpha_{c_j} V(c_i, a)}{\alpha_{c_j} V(c_i, d)} \left(\frac{V(c_j, d)}{\sum_{\xi=1}^n V(c_\xi, d)} \right)$$

$$= \frac{1}{\sum_{\xi=1}^n V(c_\xi, d)} \sum_{j=1}^n V(c_j, d) \tag{8.37}$$

(式(8.28)において，$F = \dfrac{1}{\sum_{\xi=1}^n V(c_\xi, d)}$，$v_{\tau(c_j, d)} = V(c_j, d)$ と置き換える)

次に，支配代替案が複数ある場合について，支配型 AHP で用いた一対比較の値を超一対比較行列に配列することを考える．集合を支配代替案の集合 D とする($D = \{d_1, d_2, \cdots, d_k\} \subseteq Alt$)．支配型 AHP で用いた一対比較の値から構築される超一対比較行列 R は，以下のように表現できる．

$$R = \sum_{j=1}^n R_{c_j} + \sum_{\delta=1}^k R^{d_\delta} - \sum_{\delta=1}^k \sum_{j=1}^n P_{\tau(c_j,\ d_\delta)} \tag{8.38}$$

ここで，

$$R_c = \left[\sum_{i=1}^m P_{\tau(c, a_i)} \right] \mathbf{v}\underline{\mathbf{v}}^t \left[\sum_{i=1}^m P_{\tau(c, a_i)} \right] \tag{8.39}$$

$$R^d = \left[\sum_{j=1}^n P_{\tau(c_j, d)} \right] \mathbf{v}\underline{\mathbf{v}}^t \left[\sum_{j=1}^n P_{\tau(c_j, d)} \right] \tag{8.40}$$

行列 P_i は i 行 i 列目の要素のみ 1 で，その他のすべての要素は 0 となる行列である．行列 $P_i \mathbf{v}\underline{\mathbf{v}}^t P_j$ は，i 行 j 列目の要素が r_{ij} で，その他のすべての要素は 0 となる行列である．式(8.39)は，評価基準 c における一対比較行列(式(8.29))に対応し，式(8.40)は，支配代替案 d における一対比較行列(式(8.33))に対応する．

支配型 AHP から構築したこの超一対比較行列 R は，すべての代替案を支配

代替案として採用するとき(D = Alt)，かつ，すべての比較が整合しているときに，絶対的重要度ベクトル **v** を固有ベクトルとしてもつ．

$$\begin{aligned}
R\mathbf{v} &= m\sum_{j=1}^{n}\left[\sum_{i=1}^{m}P_{\tau(c,\,a_i)}\right]\mathbf{v} + n\sum_{\delta=1}^{k}\left[\sum_{j=1}^{n}P_{\tau(c_j,\,d_\delta)}\right]\mathbf{v} - \sum_{\delta=1}^{k}\left[\sum_{j=1}^{n}P_{\tau(c_j,\,d_\delta)}\right]\mathbf{v} \\
&= m\mathbf{v} + (n-1)\sum_{\delta=1}^{k}\left[\sum_{j=1}^{n}P_{\tau(c_j,\,d_\delta)}\right]\mathbf{v} \\
&= (m+n-1)\mathbf{v} \\
&\propto \mathbf{v}
\end{aligned} \qquad (8.41)$$

$(\because P_i\mathbf{v}\underline{\mathbf{v}}^t P_j\mathbf{v} = P_i\mathbf{v},\ \sum_{j=1}^{n}[\sum_{j=1}^{m}P_{\tau(c_j,\,a_i)}] = I,\ I は単位行列)$

このときの固有値は $m+n-1$ である．

第8章の参考文献

[1] 木下栄蔵，大屋隆生：『戦略的意思決定手法 AHP』，朝倉書店，2007．
[2] 木下栄蔵編：『サービスサイエンスの理論と実際』，近代科学社，2011．

付　録
付属 CD-ROM 使用マニュアル

1 付属 CD-ROM の内容

　付属 CD-ROM は，一対比較値を入力し，支配型 AHP の総合評価値を計算するアプリケーションである．支配代替案が複数ある場合（多重支配型 AHP）については，重み一斉法（CCM），幾何平均多重支配代替案法（GMMDAHP），超一対比較行列（SPCM）により評価基準の重みベクトルを調整する方法を提供する．

　本章では，付属 CD-ROM の使用法と使用例を説明する．

2 付属 CD-ROM の収録内容

　付属 CD-ROM の収録内容を表 1 に示す．

表 1　付属 CD-ROM の収録内容一覧表

フォルダ名・ファイル名	内容
ahp.jar	当システムのメインプログラム
example5-1.xls	例題データを格納したファイル
Java	インターネットショートカット（「3. 動作環境／インストール」を参照）
key	起動に必要なファイル
extlibs-notices¥	外部ライブラリについてのライセンス事項・免責事項を記載したファイルを格納したフォルダ

付　録　付属 CD-ROM 使用マニュアル

3 動作環境

　本付属ソフトウェアは，Java 実行環境(JRE，バージョン 6 以上)がインストールされたコンピュータで動作する．以下の URL にアクセスすると，コンピュータに Java 実行環境がインストールされているか確認できる(インターネットショートカット「Java」をクリックする)．
　http://www.java.com/ja/download/installed.jsp
　Windows の場合は，同ページから実行環境をインストールすることができる．

4 起動方法

　Windows 環境の場合は CD-ROM ドライブの ahp.jar のアイコンをダブルクリックする．Unix 環境の場合は，カレントディレクトリを CD-ROM ドライブがマウントされたディレクトリに変更し，以下のコマンドを入力する．
　　　　　% java - jar ahp.jar
　起動に成功すると，以下のウィンドウ「支配型 AHP」が表示される．

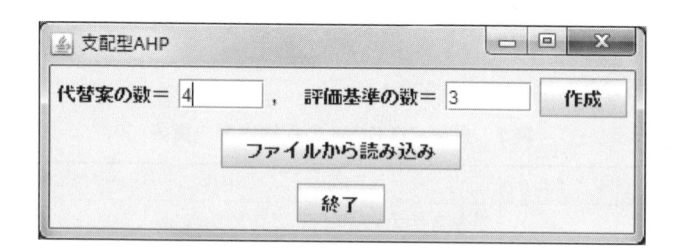

5 終了方法

　ウィンドウ「支配型 AHP」のボタン「終了」をクリックすると，本付属ソフトウェアを終了する．

6 実行例 都市の住環境評価(第5章)

本節では，第5章の「都市の住環境評価」の数値例を用いて本付属ソフトの使用方法を述べる．

6.1 ファイルから読み込む

本付属ソフトは，総合評価値の計算に必要な一対比較値を Excel のブック (.xls ファイル)として保存する．起動する際には，あらかじめ作成された一対比較値をファイルから読み込むことができる．ここでは，第5章の「都市の住環境評価」を例に，一対比較値のデータを読み込む方法を説明する．

[手順1] ウィンドウ「支配型 AHP」のボタン「ファイルから読み込み」をクリックする．

[手順2] ファイル選択ダイアログが表示されるので，ファイル example5-1.

付　録　付属 CD-ROM 使用マニュアル

xls を選択し，ボタン「開く」をクリックする．

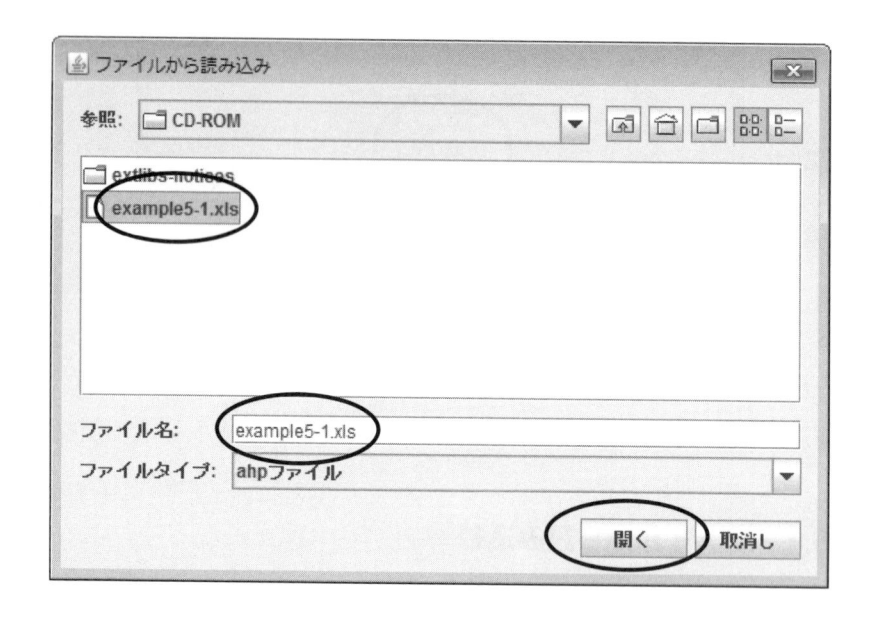

データの読み込みに成功すると，ウィンドウ「Main」が表示される．

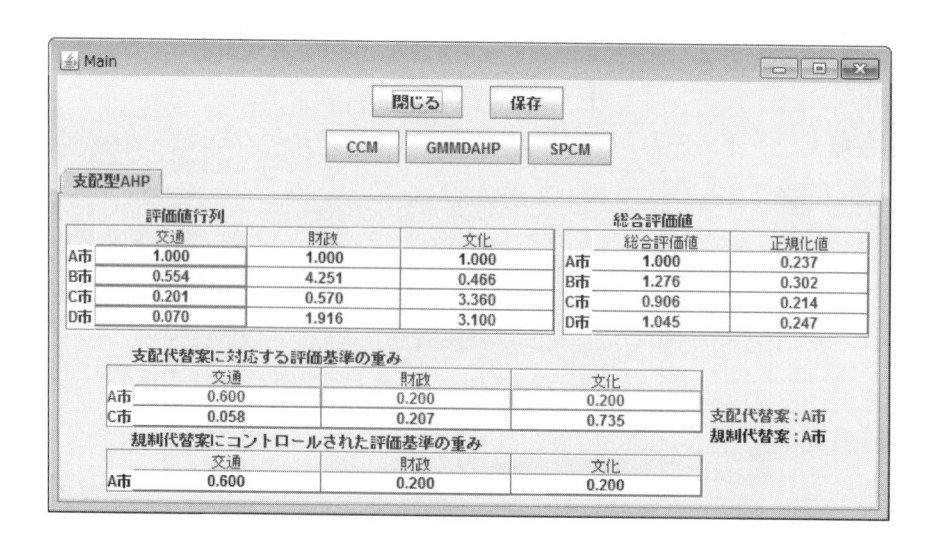

6.2 ウィンドウ「Main」の構成

　ウィンドウ中央の「評価値行列」は，各代替案の評価値を配列したものである．その下の「支配代替案に対応する評価基準の重み」には，各支配代替案に対応する評価基準の重みが配列される．「規制代替案にコントロールされた評価基準の重み」には，規制代替案から見た評価基準の重みが配列される．「総合評価値」には，総合評価値と，総合評価値の和が1になるように正規化した値（「正規化値」）が配列される．

　一般に，調整を行わなければ，どの代替案を支配代替案に採用するかに依存して総合評価値が異なる．現在採用している支配代替案はウィンドウの右下に赤字で表示される．その支配代替案に対応する評価基準の重みは，「支配代替案に対応する評価基準の重み」内で赤く表示される．また，その支配代替案に服従する規制代替案は右下に青色の字で表示される．「評価値行列」はこの規制代替案の評価値がすべて1になるように列ごとに正規化されて表示される．

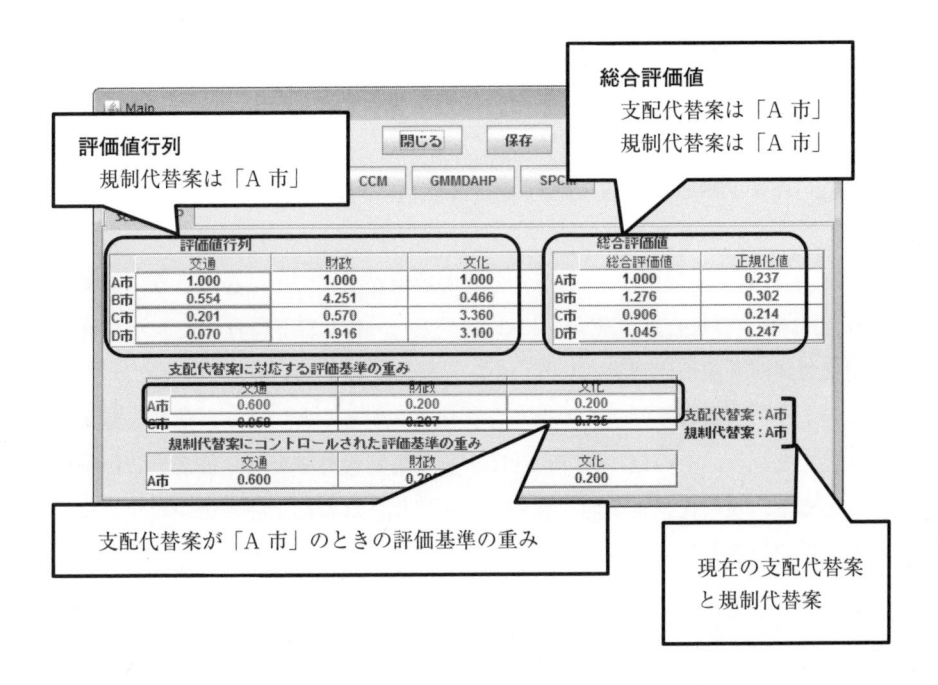

「総合評価値」についても規制代替案の総合評価値が1になるように正規化されて表示される．規制代替案の値は青色で強調される．

この例題では，「A市」と「C市」の2つの代替案が支配代替案になりうる．「支配代替案に対応する評価基準の重み」の第1行目に「A市」を支配代替案に採用したときの重みが，第2行目に「C市」を支配代替案に採用したときの重みが表示される．起動直後は，支配代替案が「A市」，規制代替案が「A市」の場合についての総合評価値が表示される．

6.3 視点の切り替え

支配型 AHP の特徴は，評価の視点が複数あることを認め，その視点が代替案ごとに存在する点である．つまり，視点の切り替えは代替案の切り替えとして表現できる．本付属ソフトウェアでは，代替案を選択することによって視点を切り替える．

6.3.1 規制代替案の切り替え

規制代替案を「A市」から「B市」に切り替える．

[手順] ウィンドウ「Main」の「総合評価値」内の「B市」に対応するセルをクリックする．

「評価値行列」の数値が，「B市」の行の数値がすべて1になるように正規化され，「B市」の総合評価値が1になる．ウィンドウ右下に青字で表示される規制代替案が「規制代替案：A市」から「規制代替案：B市」に切り替わる．

このように「総合評価値」のセルをクリックすることにより，規制代替案の切り替えを行う．その他，「C市」「D市」と規制代替案を切り替えることができる．また，規制代替案を切り替えても正規化された総合評価値が変化しないことを確認できる．

6 実行例 都市の住環境評価(第5章)

[Main ウィンドウ画面: 評価値行列 (交通/財政/文化), 総合評価値, 支配代替案に対応する評価基準の重み, 規制代替案にコントロールされた評価基準の重み。「このセルをクリックする．」と吹き出し。支配代替案: A市、規制代替案: A市]

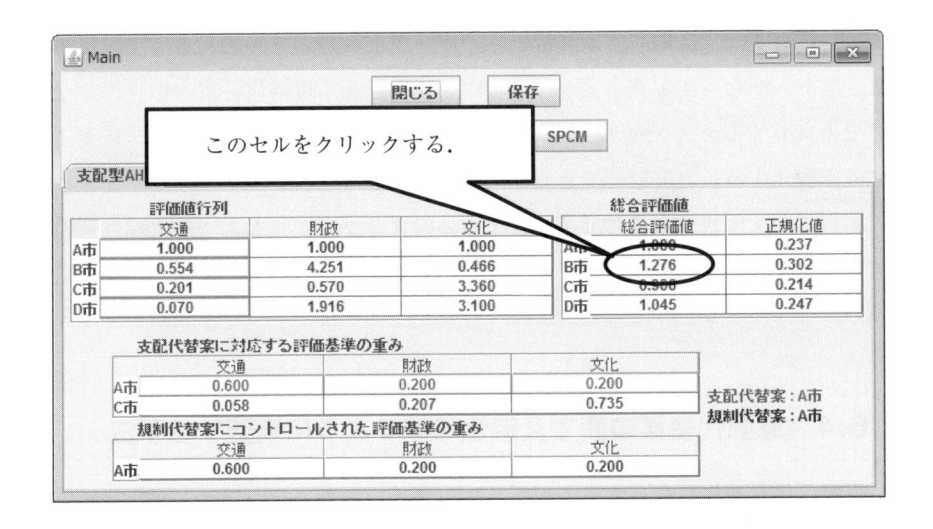

6.3.2 支配代替案の切り替え

支配代替案を「A市」から「C市」に切り替える．

[手順] ウィンドウ「Main」の「評価基準の重み」内の支配代替案の「C市」に対応する行のセルをクリックする．

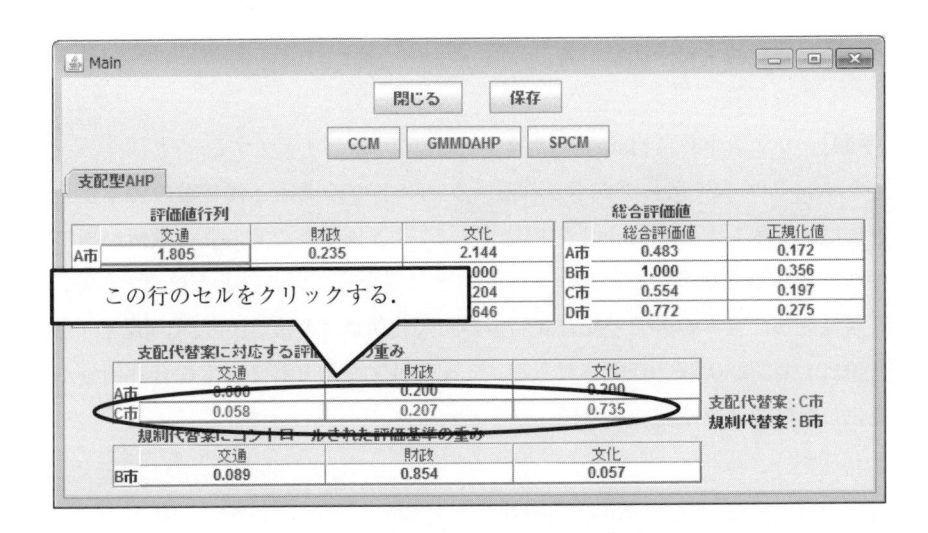

[Main ウィンドウ画面: 切り替え後の評価値行列および総合評価値、「この行のセルをクリックする．」の吹き出し。支配代替案: C市、規制代替案: B市]

支配代替案が「C市」に切り替わる．ウィンドウの右下の表示も「支配代替案：A市」から「支配代替案：C市」に切り替わる．規制代替案の切り替えだけでは変化がなかった正規化された総合評価値も，支配代替案の切り替えによって変化することを確認できる．

選択した支配代替案に対応する行をさらにクリックすると，一対比較行列のデータを入力するためのウィンドウが表示されるが，このウィンドウの説明については後述する．

6.4 支配代替案の間で互換性を保つように調整する手法

支配代替案が複数存在する支配型 AHP（多重支配型 AHP）では，総合評価値が各支配代替案間で等しくなるように評価値や重みを調整する手法がいくつか提案されている．本付属ソフトウェアでは，重み一斉法（CCM），幾何平均多重支配代替案法（GMMDAHP），超一対比較行列（SPCM）により，調整を行うことができる．

6.4.1 重み一斉法（CCM：Concurrent Convergence Method）

重み一斉法は，評価基準の重みを調整することにより，支配代替案間の総合評価値を等しくする手法である．

[手順] ウィンドウ「Main」のボタン「CCM」をクリックする．

ウィンドウ「CCM」が表示される．ウィンドウの構成と代替案の切り替え方法は，ウィンドウ「Main」と同様である．「評価基準の重み」の数値が調整された重みであり，ウィンドウ「Main」とは異なっていることが確認できる．

調整された重みの下での総合評価値の正規化値は（A市，B市，C市，D市）= (0.201, 0.332, 0.205, 0.262) である．支配代替案を切り替えても総合評価値が変化しないことを確認できる．

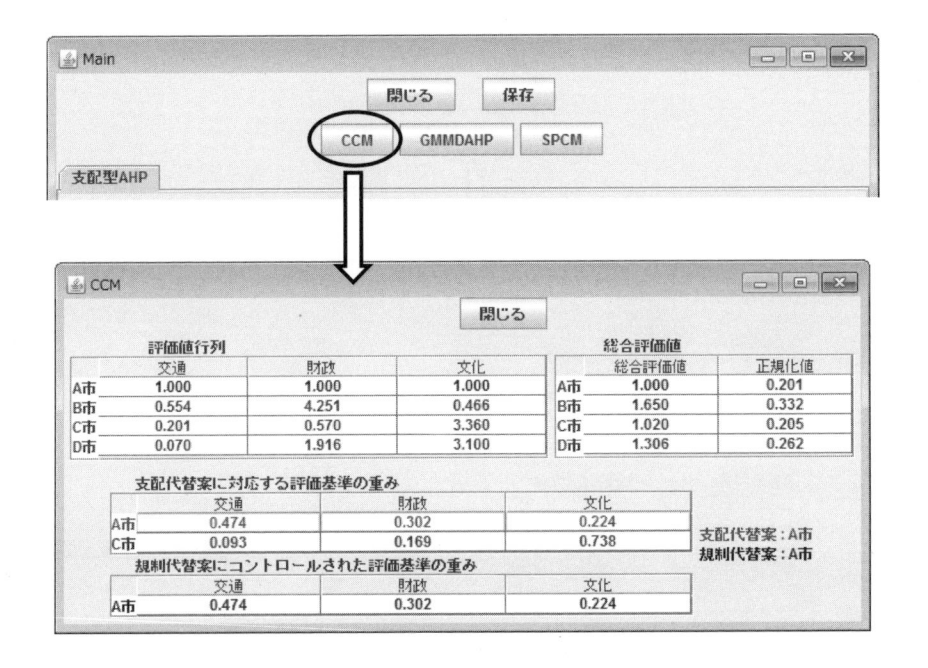

6 実行例 都市の住環境評価（第5章）

6.4.2 幾何平均多重支配代替案法（GMMDAHP：Geometric Mean Multiple Dominant AHP）

幾何平均多重支配代替案法は，評価基準の重みを調整することにより，支配代替案間の総合評価値を等しくする手法である．

[手順] ウィンドウ「Main」のボタン「GMMDAHP」をクリックする．

ウィンドウ「GMMDAHP」が表示される．ウィンドウの構成と代替案の切り替え方法はウィンドウ「Main」と同様である．「評価基準の重み」の数値が調整された重みであり，ウィンドウ「Main」とは異なっていることが確認できる．

調整された重みのもとでの総合評価値の正規化値は（A市, B市, C市, D市）＝(0.199, 0.327, 0.209, 0.265) である．支配代替案を切り替えても，総合評価値が変化しないことを確認できる．

初期状態では評価値行列の数値や評価基準の重みは，一対比較値から固有値

135

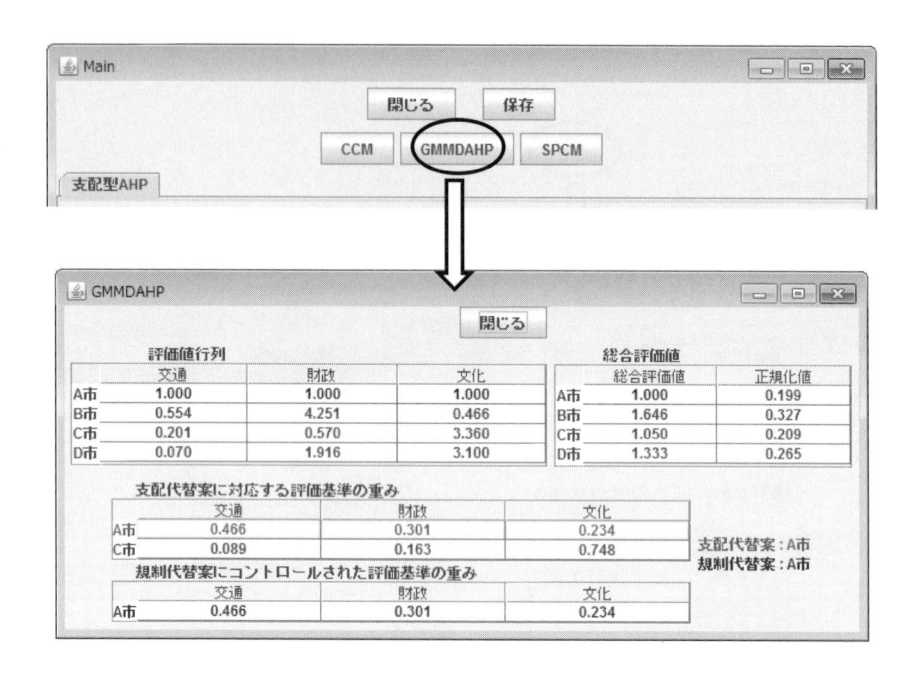

付　録　付属 CD-ROM 使用マニュアル

[Main ウィンドウのスクリーンショット: 「閉じる」「保存」ボタン、「CCM」「GMMDAHP」（丸で囲まれている）「SPCM」ボタン、「支配型AHP」タブ]

[GMMDAHP ウィンドウのスクリーンショット]

評価値行列

	交通	財政	文化
A市	1.000	1.000	1.000
B市	0.554	4.251	0.466
C市	0.201	0.570	3.360
D市	0.070	1.916	3.100

総合評価値

	総合評価値	正規化値
A市	1.000	0.199
B市	1.646	0.327
C市	1.050	0.209
D市	1.333	0.265

支配代替案に対応する評価基準の重み

	交通	財政	文化
A市	0.466	0.301	0.234
C市	0.089	0.163	0.748

支配代替案：A市
規制代替案：A市

規制代替案にコントロールされた評価基準の重み

	交通	財政	文化
A市	0.466	0.301	0.234

法で算出する．一方，幾何平均多重支配代替案法では評価値や重みを幾何平均法で算出することが多い．評価値や重みを幾何平均法で算出する方法については後述する．

6.4.3　超一対比較行列（SPCM：Super Pairwise Comparison Matrix）

　超一対比較行列は，支配型 AHP の評価の際に行われるすべての一対比較を一つの行列で表現したものである．超一対比較行列においては，一つひとつの比較は絶対的重要度の要素同士の比として解釈される．ここでは，超一対比較行列から絶対的重要度（の相対値）を求め，その絶対的重要度から総合評価値を求める手順を説明する．

［手順］　ウィンドウ「Main」のボタン「SPCM」をクリックする．
　ウィンドウ「SPCM」が表示される．ウィンドウの「超一対比較行列」に超一対比較行列が配列される．ウィンドウ内の文字列「c1」は 1 番目の評価基準

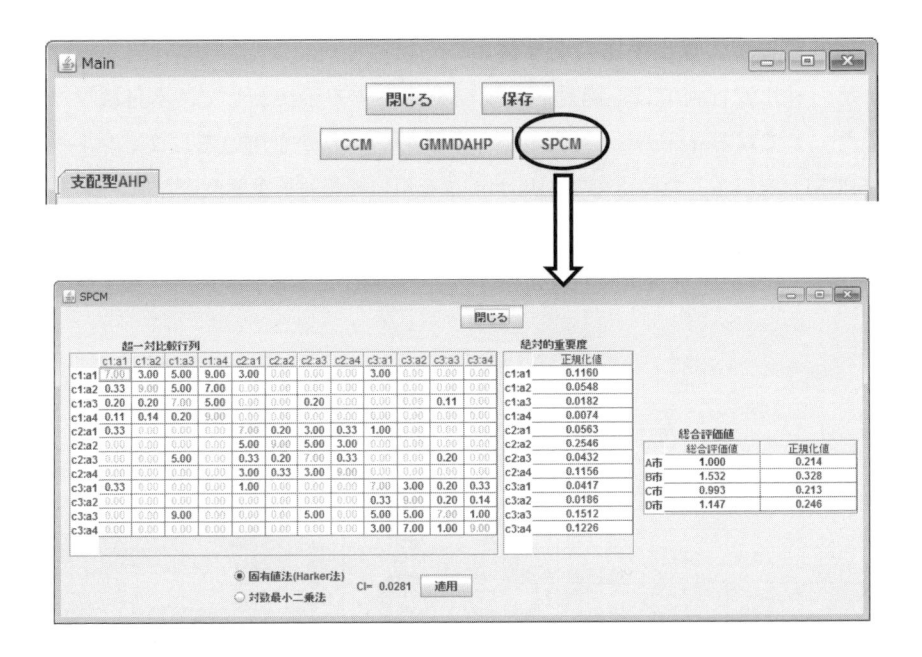

6　実行例　都市の住環境評価（第5章）

を，「a1」は1番目の代替案を表現する．例えば，行「c2:a1」列「c2:a2」に対応するセルの値「0.20」は，2番目の評価基準（財政）について，1番目の代替案（A市）が2番目の代替案（B市）の0.20倍優れていることを表現する（第6章のCA×CA行列として表示される）．

「絶対的重要度」には，絶対的重要度（の相対値）を配列している．すべての重要度の合計が1になるように正規化され，表示される．

「総合評価値」には，この絶対的重要度から計算された総合評価値が表示される．「正規化値」は，総合評価値の合計が1になるように正規化された値である．ウィンドウ「Main」と同様に，「総合評価値」の対応するセルをクリックすることにより，規制代替案を切り替えることができる．青字で強調されたセルに対応する代替案が規制代替案である．

付　録　付属 CD-ROM 使用マニュアル

絶対的重要度の算出手法の切り替え

　超一対比較行列では，絶対的重要度を算出する手法として，本付属ソフトウェアでは Harker 法か対数最小二乗法のいずれかを用いる．ウィンドウ「SPCM」を表示した時点では，Harker 法を用いて絶対的重要度が算出される．

[手順]　ウィンドウ「SPCM」の下側の「対数最小二乗法」をクリックする．

「絶対的重要度」および「総合評価値」が変化する．絶対的重要度(の相対値)が対数最小二乗法で計算され表示される．総合評価値の正規化された値は (A 市，B 市，C 市，D 市) = (0.201, 0.325, 0.208, 0.265) となる．

[手順]　ウィンドウ「SPCM」の下側の「固有値法(Harker 法)」をクリックする．

　まず，超一対比較行列の対角要素が変化し，ピンク色で表示される．Harker 法では，行列の各行についてゼロの数値をもつ要素数を対角要素の数値に加算する．そして，この行列に固有値法を適用し，絶対的重要度(の相対値)が算出され，表示される．総合評価値はこの絶対的重要度から算出され，「総合評価値」に表示される．総合評価値の正規化された値は (A 市，B 市，C 市，D 市) = (0.214, 0.328, 0.213, 0.246) となる．

138

6 実行例 都市の住環境評価(第5章)

	c2:a1	c2:a2	c2:a3	c2:a4	c3:a1	c3:a2	c3:a3	c3:a4	絶対的重要度	正規化値
	3.00	0.00	0.00	0.00	3.00	0.00	0.00	0.00	c1:a1	0.1160
	0.00	0.00	0.00	0.00	0.00	0.00	0.00	0.00	c1:a2	0.0548
	0.00	0.00	0.20	0.00	0.00	0.00	0.11	0.00	c1:a3	0.0182
	0.00	0.00	0.00	0.00	0.00	0.00	0.00	0.00	c1:a4	0.0074
	7.00	0.20	3.00	0.33	1.00	0.00	0.00	0.00	c2:a1	0.0563
	5.00	9.00	5.00	3.00	0.00	0.00	0.00	0.00	c2:a2	0.2546
	0.33	0.20	7.00	0.33	0.00	0.00	0.20	0.00	c2:a3	0.0432
	3.00	0.33	3.00	9.00	0.00	0.00	0.00	0.00	c2:a4	0.1156
	1.00	0.00	0.00	0.00	7.00	3.00	0.20	0.33	c3:a1	0.0417
	0.00	0.00	0.00	0.00	0.33	9.00	0.20	0.14	c3:a2	0.0186
	0.00	0.00	5.00	0.00	5.00	5.00	7.00	1.00	c3:a3	0.1512
	0.00	0.00	0.00	0.00	3.00	7.00	1.00	9.00	c3:a4	0.1226

総合評価値

	総合評価値	正規化値
A市	1.000	0.214
B市	1.532	0.328
C市	0.993	0.213
D市	1.147	0.246

● 固有値法(Harker法) CI= 0.0281 適用
○ 対数最小二乗法

この超一対比較行列の一対比較値を変更する方法については，後述の一対比較行列の編集方法と同様である．

ウィンドウ「SPCM」を閉じるには，ボタン「閉じる」をクリックする．

6.5 一対比較行列の表示 / 編集

本付属ソフトウェアでは，一対比較行列を作成し，その一対比較行列を用いて評価値行列の評価値や評価基準の重みを算出する．

そこで，評価値行列を作成する際に用いる一対比較行列を表示する方法を説明する．評価値行列は，列ごとに一対比較行列が存在する．本付属ソフトウェアでは，列を選択し，選択した列をクリックすることにより，一対比較行列を表示する．ここでは，「文化」の一対比較行列を表示し編集する．

[手順1] 「評価値行列」の一対比較行列を表示したい列(「文化」の列)をクリックし選択する(すでに選択されている場合は何もしなくてよい)．
「評価値行列」の「文化」の列のセルが青く表示される．

付　録　付属 CD-ROM 使用マニュアル

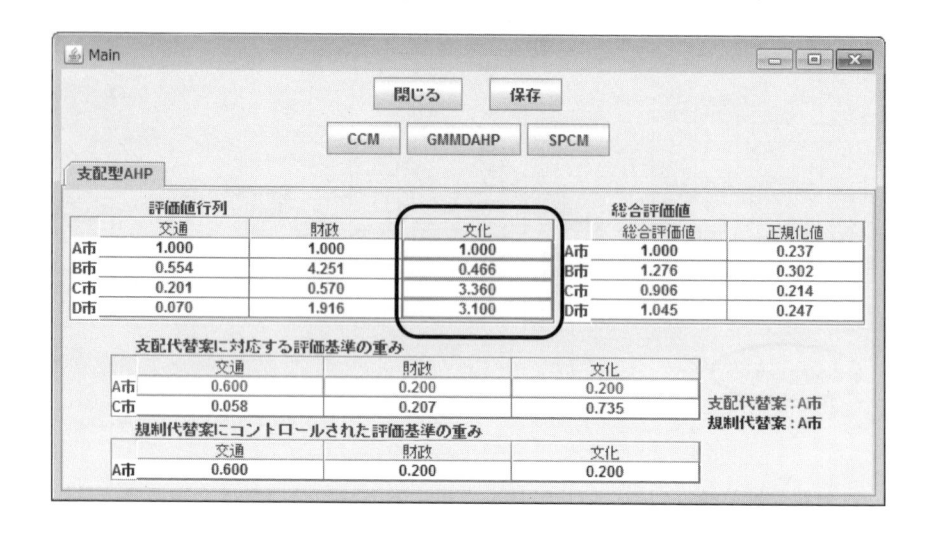

[手順2]　「評価値行列」の選択された列(「文化」の列)をクリックする．

　ウィンドウ「一対比較行列：評価行列の評価基準 文化について」が表示される．このウィンドウは，一対比較行列と一対比較行列の固有値から構成される．

　一対比較行列を編集する場合は，編集したいセルを選択し，そのセルをクリックする．ここでは，「A市」の「D市」に対しての一対比較値0.33(「A市」は「D市」に対して0.33倍優れている)を変更する．

6 実行例 都市の住環境評価(第5章)

[**手順3**]　ウィンドウ「一対比較行列：評価行列の評価基準 文化について」の「A市」の行の「D市」の列に対応するセルをクリックして選択する（すでに選択さている場合は何もしなくてよい）．

「A市」の行の「D市」の列に対応するセルが薄い緑色で表示される．

	A市	B市	C市	D市		固有ベクトル
A市	1.00	3.00	0.20	0.33	市	0.1262
B市	0.33	1.00	0.20	0.14	B市	0.0588
C市	5.00	5.00	1.00	1.00	C市	0.4239
D市	3.00	7.00	1.00	1.00	D市	0.3911

○ 固有値法　CI= 0.0349　適用
○ 幾何平均法

[**手順4**]　選択されたセルをクリックする．

ウィンドウ「スケール選択：A市/D市」が表示される．「A市」の「D市」に対する一対評価値を「1/9（きわめて劣っている）」に変更する．

選択肢	一対評価値
きわめて劣っている	1/9
非常に劣っている	1/7
かなり劣っている	1/5
やや劣っている	1/3
同程度	1
やや優れている	3
かなり優れている	5
非常に優れている	7
きわめて優れている	9

[**手順5**]　ウィンドウ「スケール選択：A市/D市」のセル「1/9」をクリックする．

141

付　録　付属 CD-ROM 使用マニュアル

選択肢	一対評価値
きわめて劣っている	1/9
非常に劣っている	1/7
かなり劣っている	1/5
やや劣っている	1/3
同程度	1
やや優れている	3
かなり優れている	5
非常に優れている	7
きわめて優れている	9

　セルの値が 0.33 から 0.11 (= 1/9) に変更される．固有ベクトルも同時に変更される．CI は 0.0748 である．本付属ソフトウェアでは，固有値法か幾何平均法のいずれかで固有ベクトルを算出する．初期状態では固有値法で算出した固有ベクトルが表示される．以下のように幾何平均法に切り替えることができる．

[手順 5-1]　ウィンドウの下側の「幾何平均法」をクリックする．

一対比較行列：評価値行列Aの評価基準文化について

	A市	B市	C市	D市		固有ベクトル
A市	1.00	3.00	0.20	0.11	A市	0.0865
B市	0.33	1.00	0.20	0.14	B市	0.0532
C市	5.00	5.00	1.00	1.00	C市	0.3807
D市	9.00	7.00	1.00	1.00	D市	0.4796

○ 固有値法　● 幾何平均法　CI= 0.0742　[適用]

　幾何平均法で算出した固有ベクトルと CI が表示される．ふたたび固有値法の固有ベクトルに切り替えることもできる．

[手順 5-2]　ウィンドウの下側の「固有値法」をクリックする．

142

6 実行例 都市の住環境評価（第5章）

	A市	B市	C市	D市		固有ベクトル
A市	1.00	3.00	0.20	0.11	A市	0.0899
B市	0.33	1.00	0.20	0.14	B市	0.0538
C市	5.00	5.00	1.00	1.00	C市	0.3728
D市	9.00	7.00	1.00	1.00	D市	0.4834

（○固有値法）　CI= 0.0748　適用
　○幾何平均法

　固有値法で算出した場合の固有ベクトルとCIが表示される．算出された固有ベクトルをウィンドウ「Main」の「評価値行列」に反映させるには，ボタン「適用」をクリックする．

[手順6]　ウィンドウのボタン「適用」をクリックする．
　ウィンドウ「Main」の「評価値行列」の「文化」の列と，「総合評価値」が変化する．

　評価基準の重みは，支配代替案の数だけ一対比較行列が存在する．評価基準の重みの一対比較行列を表示するには，ウィンドウ「Main」の対応する行を選択し，選択された行をクリックする．ここでは，「C市」が支配代替案の場合に対応する一対比較行列を表示する．

[手順1]　ウィンドウ「Main」の「支配代替案に対応する評価基準の重み」の「C市」に対応する行をクリックして選択する．（すでに選択されている場合は何もしなくてよい.）
　選択された行のセルは薄い赤色で表示される．

143

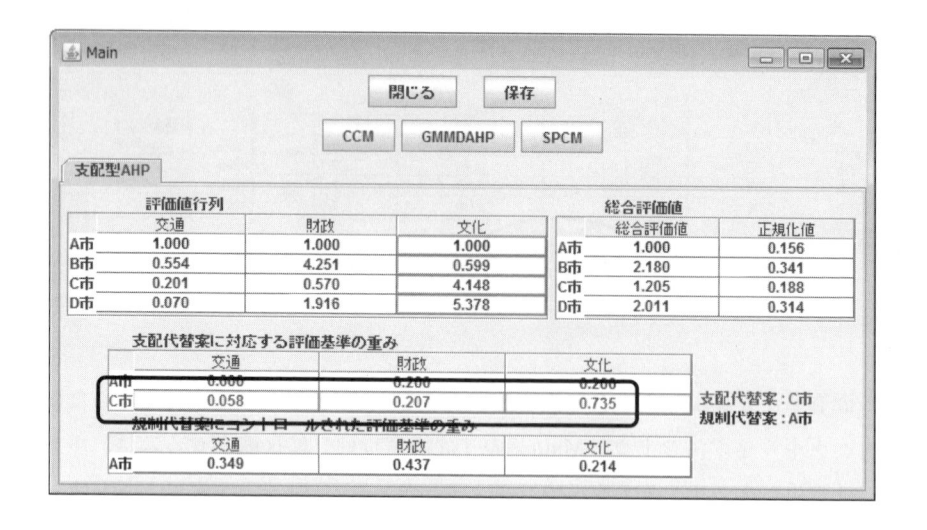

付　録　付属 CD-ROM 使用マニュアル

[手順 2]　選択された行(「C 市」に対応する行)をクリックする．

ウィンドウ「一対比較行列：支配代替案が C 市のときの評価基準の重みについて」が表示される．

一対比較行列の編集方法は，評価値行列の場合と同様である．ボタン「適用」をクリックするとウィンドウ「Main」の「評価基準の重み」の「C 市」に対応する行が変化し，総合評価値も変化する．

6.6　保存方法

変更した一対比較値は，以下の手順でファイルに保存することができる．

[手順 1]　ウィンドウ「Main」のボタン「保存」をクリックする．

[手順 2]　保存先のファイルを選択するか，「ファイル名」に入力し，ボタン「保存」をクリックする．

作成した一対比較値は，Excel ブック形式 (.xls ファイル) で保存される．保存したブックのシート「spec」に代替案や評価基準の数や名前が，シート「spcm」にすべての一対比較値が超一対比較行列の形で保存される．

7 新規作成

支配型 AHP システムを一から作成することもできる．ここでは，代替案の数が3つ，評価基準の数が2つのシステムを作成する．

[手順1] ウィンドウ「支配型 AHP」を起動する (すでに起動している場合は何もしなくてよい)．
[手順2] ウィンドウの「代替案の数 =」のテキストボックスに3を，「評価基準の数 =」のテキストボックスに2を，半角で入力する．
[手順3] ボタン「作成」をクリックする．

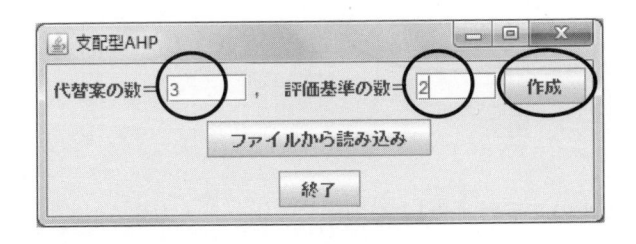

付　録　付属 CD-ROM 使用マニュアル

　　代替案と評価基準の名前を入力するためのウィンドウ「代替案と評価基準」が表示される．ここで，仮に代替案を「a」「b」「c」，評価基準を「I」「II」とする．

[手順 4]　ウィンドウ「代替案と評価基準」の「代替案」の「名前」の列のセル「alt1」をダブルクリックする．

[手順 5]　セルの文字列「alt1」を削除し，「a」と入力する．
[手順 6]　「alt2」「alt3」についても同様にそれぞれ「b」「c」と入力する．
[手順 7]　評価基準についても，同様に「criteria0」を「I」に，「criteria1」を「II」に書き換える．

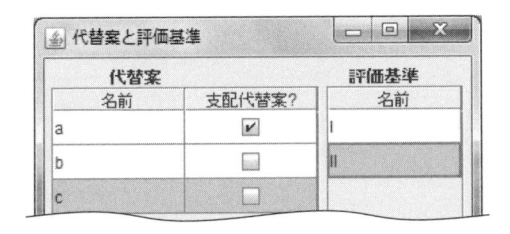

支配型 AHP では，支配代替案を指定する必要がある．ここでは，代替案「a」と「c」を支配代替案として採用する．

[手順8] ウィンドウ「代替案と評価基準」の「代替案」の「支配代替案?」の列の代替案「a」と代替案「c」に対応するセルにチェックを入れる．

[手順9] ウィンドウ「代替案と評価基準」のボタン「作成」をクリックする．

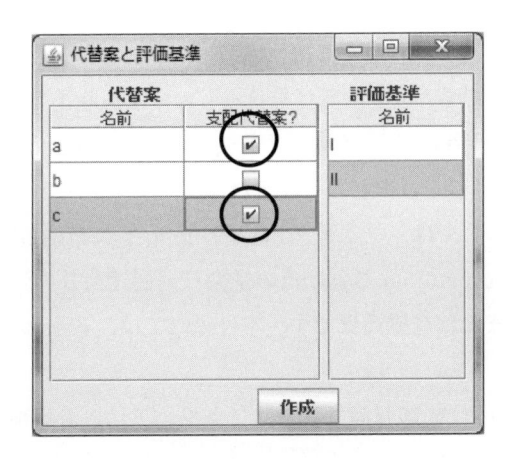

ウィンドウ「Main」が表示される．

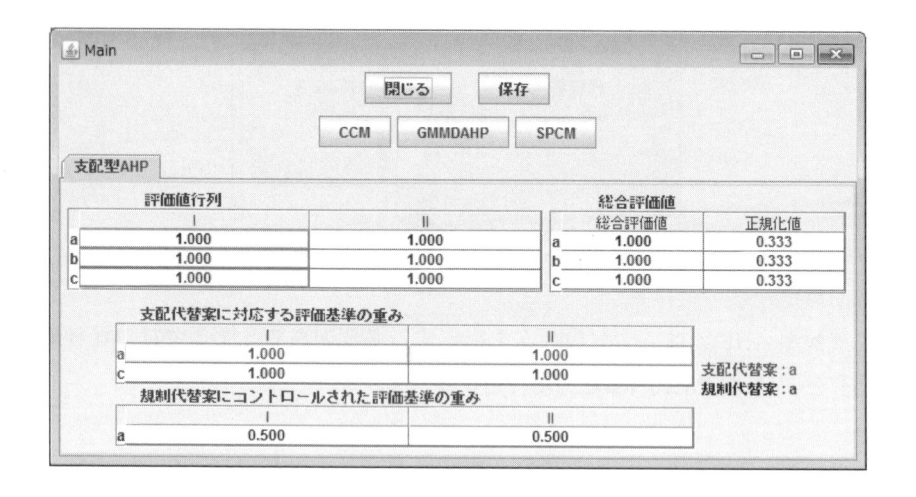

付　録　付属 CD-ROM 使用マニュアル

ウィンドウ「Main」の操作方法や一対比較値を入力する方法は前述のとおりである．

免責事項・著作権

　著者および出版社は，付属 CD-ROM の使用もしくは使用不能から生じるいかなる損害についても，一切の責任を負うものではありません．

　付属 CD-ROM は外部ライブラリとして，apache-commons-math, apache-POI, scala を利用しています．それぞれのライセンス事項や免責事項を記載したファイルについては，フォルダ ext-libs-notices に格納しています．また，Java は Oracle Corporation およびその子会社，関連会社の，米国および他の国における商標または登録商標です．本付録内では，TM，©，® マークを省略しました．

　また，付属 CD-ROM に収録されたソフトウェアは，著作権法によって保護されています．

索　　引

【英数字】

AHP の誤謬　10
Harker 法　85

【あ行】

一斉法　13
一重対角行列　114
一対比較行列　4
因果関係　25
インテリジェンス　22
インフォメーション　22
インフラ情報　22
オペレーショナルマネジメント　2
重み一斉法　57

【か行】

階層構造　3
加法型効用関数　11
加法型多属性効用関数　11
幾何平均多重代替案法　52
結果　25
原因　25
　――とは何か　15
効用関数　8
固有値問題　5

【さ行】

サービス価値計測手法　8
最適化問題　119
失敗の本質　16
視点の検証　15
支配型 AHP　2
支配代替案　6
　――間の互換性　36
支配代替案法　31、13
支配評価水準　40
支配評価水準法　37
集団面接評価　79
重要性の尺度　3
従来型 AHP　2
主固有ベクトル　4
情報の収集　15
推定原理　45
スーパーインテリジェンス　23
スーパーインフォメーション　22
成功か失敗の判断　15
整合性　4
成功の本質　20
絶対的重要度　120
　――の値　120
　――ベクトル　125
絶対評価法　37

149

索　引

戦術の実行　15
戦術の選定　15
戦略的意思決定　1
戦略的マネジメント　2
戦略の決定　15
戦略の統一　20
戦略の不統一　16
相関関係　25
総合評価値　5
　──一斉法　13、55
総合目的　3
相対的重要度　88
相対比較値　93
相対評価法　37
孫子　2

【た行】

代替案　3
　──の順位逆転　7
対角行列　114
対数最小二乗法　85
多重支配型AHP　115
多重支配代替案法　13、52
多重代替案法　52
多属性効用関数　8

超一対比較　13
超一対比較行列　13、52
超一対比較法　85

【な行】

日常的情報　22

【は行】

非日常的情報　22
評価値一斉法　13
評価基準　3
　──の重みベクトルの推定原理　115
評価行列　5
　──の推定原理　115
評価水準　38
評価値一斉法　55
評価値行列　56
不完全一対比較行列　85、96
服従代替案　6
服従評価水準　40
フロー情報　22

【ら行】

列ベクトル　97

150

編著者紹介

木下栄蔵（きのした　えいぞう）　第1章〜第3章執筆担当

　1975年，京都大学大学院工学研究科修了．工学博士．
　現在，名城大学都市情報学部教授．
　2004年4月より2007年3月まで文部科学省科学技術政策研究所客員研究官を兼任．
　2005年4月より2009年3月まで，さらに，2013年4月より名城大学大学院都市情報学研究科研究科長並びに名城大学都市情報学部学部長を兼任．
　1996年日本オペレーションズリサーチ学会事例研究奨励賞受賞，2001年第6回AHP国際シンポジウム Best Paper Award 受賞，2005年第8回AHP国際シンポジウムにおいて Keynote Speech Award 受賞，2008年日本オペレーションズリサーチ学会第33回普及賞受賞．

著者紹介

大屋隆生（おおや　たかお）　第6章，第7章執筆担当

　1983年，東京大学大学院工学研究科修了．
　現在，国士舘大学理工学部教授，博士（都市情報学）．
　1983年4月より2007年3月まで電力中央研究所主任研究員（退職時）．
　1983年日本オペレーションズリサーチ学会学生論文賞受賞．

杉浦　伸（すぎうら　しん）　第4章，第5章執筆担当

　2009年，名城大学大学院都市情報学研究科博士後期課程修了．博士（都市情報学）．
　現在，名城大学都市情報学部准教授．

水野隆文（みずの　たかふみ）　第8章，付録執筆，付属CD-ROM作成担当

　2002年，名古屋工業大学工学研究科修士課程修了．
　現在，名城大学都市情報学部助手．

戦略的意思決定法

2013年9月26日　第1刷発行

編著者	木下	栄蔵
著者	大屋	隆生
	杉浦	伸
	水野	隆文
発行人	田中	健

検印省略

発行所　株式会社 日科技連出版社

〒151-0051　東京都渋谷区千駄ヶ谷5-4-2
電　話　出版　03-5379-1244
　　　　営業　03-5379-1238～9
振替口座　　　東京 00170-1-7309

印刷・製本　河北印刷㈱

Printed in Japan

© *Eizo Kinoshita et al. 2013*
URL http://www.juse-p.co.jp/

ISBN 978-4-8171-9482-4

本書の全部または一部を無断で複写複製(コピー)することは，著作権法上での例外を除き，禁じられています。